SÉRIE INCLUSÃO ESCOLAR

2ª edição

Inclusão
UMA REALIDADE EM DISCUSSÃO

Mirian Célia Castellain Guebert

Rua Clara Vendramin, 58 . Mossunguê
CEP 81200-170 . Curitiba . PR . Brasil
Fone: (41) 2106-4170
www.intersaberes.com
editora@intersaberes.com

Conselho editorial	Dr. Alexandre Coutinho Pagliarini
	Drª Elena Godoy
	Dr. Neri dos Santos
	Mª Maria Lúcia Prado Sabatella
Editora-chefe	Lindsay Azambuja
Gerente editorial	Ariadne Nunes Wenger
Assistente editorial	Daniela Viroli Pereira Pinto
Edição de texto	Monique Francis Fagundes Gonçalves
Capa (*design*)	Denis Kaio Tanaami
	Mayra Yoshizawa
(adaptação)	Sílvio Gabriel Spannenberg
(imagem)	sedir/Shutterstock
Projeto gráfico	Bruno Palma e Silva
Iconografia	Regina Claudia Cruz Prestes

Dados Internacionais de Catalogação na Publicação (CIP)
(Câmara Brasileira do Livro, SP, Brasil)

Guebert, Mirian Célia Castellain
    Inclusão : uma realidade em discussão / Mirian Célia Castellain Guebert. -- 2. ed. -- Curitiba, PR : Editora Intersaberes, 2023. -- (Série inclusão escolar)

    Bibliografia.
    ISBN 978-85-227-0432-3

    1. Educação e Estado - Brasil 2. Educação inclusiva - Brasil 3. Inclusão escolar - Brasil I. Título. II. Série.

23-140931   CDD-371.90981

Índice para catálogo sistemático:
1. Brasil : Educação inclusiva : História   371.90981

Eliete Marques da Silva - Bibliotecária - CRB-8/9380

1ª edição, 2012.
2ª edição, 2023.
Foi feito o depósito legal.

Informamos que é de inteira responsabilidade da autora a emissão de conceitos.

Nenhuma parte desta publicação poderá ser reproduzida por qualquer meio ou forma sem a prévia autorização da Editora InterSaberes.

A violação dos direitos autorais é crime estabelecido na Lei n. 9.610/1998 e punido pelo art. 184 do Código Penal.

Sumário

Apresentação, vii

Introdução, ix

1. Um pensamento filosófico e a educação inclusiva, 13
2. Aspectos históricos e conceituais da educação inclusiva, 25
3. Aspectos legais da educação, 39
4. Concepções filosóficas da educação especial, 63
5. Diretrizes nacionais para educação especial na educação básica, 79

Considerações finais, 101

Referências, 105

Nota sobre a autora, 111

Apresentação

Nesta obra, desenvolvemos a temática da inclusão com o objetivo de facilitar o seu entendimento e instigar a curiosidade sobre o tema. Com esse propósito, para iniciar, apresentamos conceitos básicos, os quais facilitam o entendimento do processo inclusivo.

Com essa proposição, são evidenciados tópicos relativos ao sistema educacional brasileiro no âmbito do atendimento aos alunos de instituições do ensino regular e especial – envolvendo, aspectos políticos, culturais, sociais e filosóficos, no intuito de buscar uma educação para todos, considerando suas implicações e articulações nas relações sociais.

Dividimos este livro em cinco capítulos, sendo que, no primeiro, há uma discussão sobre alguns conceitos filosóficos fundamentais para o entendimento da proposta inclusiva. No segundo capítulo, realizamos uma reflexão sobre a política educacional existente, na qual abordamos os tipos de atendimentos (tanto no ensino regular quanto no especial) e os recursos humanos, filosóficos e materiais necessários envolvidos para o sucesso desse processo. No terceiro capítulo, retomamos os aspectos legais da educação brasileira, enfatizando a educação especial e o processo inclusivo, definindo e debatendo a Constituição Federal, decretos, resoluções e pareceres, os quais orientam o direcionamento de uma educação para todos. No quarto capítulo, fazemos uma análise das concepções filosóficas da educação especial (a partir dos conceitos de educação e de inclusão), pontuando aspectos sociais, políticos e culturais. No último capítulo, apresentamos as diretrizes nacionais sobre educação inclusiva e refletimos sobre os seus objetivos, implicações e possibilidades, além de finalizarmos com algumas considerações sobre os temas apresentados.

Em cada capítulo, você encontrará uma explanação teórica sobre o assunto, o que possibilitará a reflexão e a construção de conceitos.

A cada tema deste material, apresentamos uma lista com nomes de filmes como sugestões que permitem uma melhor relação com as temáticas, além de reforçarmos, com essas contextualizações, o objetivo fundamental deste material, que é apresentar alguns aspectos relevantes para auxiliar a tomada de consciência dos profissionais de ensino, com o intuito de melhorar o processo educacional existente.

Introdução

A educação como prática social tem realizado diferentes discussões sobre o processo inclusivo iniciado na década de 1990 no Brasil, com o objetivo de proporcionar a equidade de oportunidades às pessoas com necessidades educativas especiais. No momento, procuram-se subsídios teóricos para garantir a qualidade das práticas pedagógicas, bem como a elaboração e o entendimento da concepção de educação para todos. Assim, com o intuito de contribuirmos com essa proposta, apresentamos uma reflexão sobre o processo inclusivo, especificamente na educação e com a legislação vigente. Há uma abordagem simplificada sobre as *Diretrizes Nacionais para Educação Básica*, publicada em 2001, enfatizando a necessidade de práticas diferenciadas para o sucesso do processo inclusivo em todos os níveis e modalidades de ensino.

Nessa pesquisa, chamou a nossa atenção que pouco ou quase nada se tem dito sobre o papel do poder executivo para garantir o financiamento e a manutenção de uma educação inclusiva. Esse fato é contraditório, pois as instituições escolares precisam estar instrumentalizadas com recursos físicos, humanos e acadêmicos (conhecimentos) para efetivar, com sucesso, a proposta de incluir, no meio educacional, as pessoas que dele necessitam.

Observamos também que os conceitos de inclusão e integração são confundidos nesse processo, por isso este material viabiliza, por meio do aspecto legal e teórico, o entendimento de tais conceitos e as suas efetivações, de acordo com as práticas educacionais, nos diferentes âmbitos. Tal fato ocorre por entendermos que há necessidade de esclarecimento sobre os tipos de atendimentos dispostos à educação, para contrapô-los aos documentos apresentados, assim como à legislação referente ao processo educativo igualitário.

Um pensamento filosófico e a educação inclusiva

Sabemos que o pensamento e a sabedoria são princípios que conceituam a filosofia, a qual surge como um pensamento reflexivo sobre as coisas da vida, isto é, tem como objeto de estudo qualquer situação existente que possa ser analisada em suas diferentes relações, para que seja possível construir um novo pensamento ou conceito – uma nova visão. Podemos dizer que ela se ocupa da junção ou da relação entre diferentes conhecimentos que geram outros e novos conhecimentos, sendo que estes mudam as ações, as concepções e a cultura gerada nas diferentes relações. Essas construções (pensamentos e conceitos) possibilitam articular o significado dos atos com os pensamentos com a finalidade de melhorar a ação sobre determinadas situações, independente de sua origem, que pode ser emocional, financeira, política, social ou profissional, entre outras.

Esse processo de reflexão é de importância fundamental, pois necessitamos, para fazer escolhas, de alguns fundamentos para subsidiar a *reflexão*, que vem a atividade viabilizadora das mudanças necessárias. Esse aspecto fica claro quando perscrutamos a origem da palavra reflexão, que é do latim e significa "retomar", "voltar atrás". Assim, ao refletirmos sobre algo, criamos também novos conceitos sobre um objeto já conhecido, pois, enquanto penso, sou sujeito e posso alterar o objeto, logo, necessito de uma interação com ele para que haja transformação.

A reflexão, segundo Saviani (2000, p. 68), é propriamente filosófica quando "é radical, rigorosa e de conjunto". Significa, literalmente, *raiz*, em razão de entendermos que a filosofia é a base de como pensamos e agimos, portanto, eis aqui o início do entendimento do conceito de filosofia.

Para abordarmos o conceito de pragmatismo[*], é necessário recorrermos a alguns pensadores que possibilitam a construção de uma forma de pensar. Sob essa perspectiva, para definirmos a filosofia pragmática, conceituamos, de forma simples, a palavra *pragmática* como sendo um conjunto de considerações práticas, o que nos leva a pensar que todo o seu fundamento está subsidiado pelas ações.

A concepção (a pragmática) busca a verdade que se revela nas ações, tornando-se útil na construção de diferentes pensamentos.

---

[*] *Pragmatismo* é uma corrente filosófica subsidiada pelas coisas práticas (vivenciadas), valorizando as experiências reais. Considera-se, nessa corrente, que o processo de inclusão nasceu da necessidade social e escolar. Acredita-se que esse pensamento filosófico corresponda, em sua origem, ao processo de transformação das ideias e da cultura existente.

Alguns autores – entre os quais Francis Bacon, John Locke, Jean Jacques Rousseau e Charles Darwin – apresentam, em seus estudos, a base do pragmatismo; contudo os elementos filosóficos que consideram essa concepção como verdadeira são defendidos por Charles Sanders Peirce, William James e John Dewey. Vamos, portanto, elencar alguns pontos fundamentais do pensamento dos estudiosos a que nos referimos e suas correlações com o pragmatismo, segundo Ozmon e Craver (2004, p. 134-137), atente a eles:

» **Francis Bacon:** sugeriu o método indutivo como base para o método científico. Também defendia que os cientistas deveriam preocupar-se com os aspectos materiais das coisas; os pragmatistas acrescentaram a esses aspectos as questões econômicas, políticas, educacionais e psicológicas.

» **John Locke:** considerava que as ideias são formadas por fontes externas. Estudou a construção do conhecimento e apresentou a conceituação de que o indivíduo é uma tábula rasa, isto é, as ideias não são inatas, mas sim constituídas quando submetidas a experiências. Desse modo, estamos em constante transformação, quanto mais experiências, mais ideias, e, para conferir se elas são corretas, devemos experimentá-las no mundo. Isso nos faz lembrar que um computador, caso não se coloque nenhuma informação na máquina, será inútil, mas, se agregarmos informações, torna-se um instrumento valioso para quem o utiliza.

» **Jean Jacques Rousseau:** defendeu a ideia de que as crianças "não são como adultos em miniaturas, e sim como organismos que passam por diferentes estágios e necessitam da sua natureza para o seu desenvolvimento". Sua filosofia é de que a educação deve ser centrada na criança, a qual tem seus próprios interesses que expressam a sua necessidade de descobrir o mundo, para atribuir-lhe um sentido.

» **Charles Darwin:** apresentou a ideia de que a natureza opera por meio do desenvolvimento sem direções predeterminadas, logo, existe a necessidade de reconhecimento das condições orgânicas e das ambientais. Assim, com essa observação, mostrou a existência de uma interação entre o organismo e o ambiente, por conseguinte, demonstrou que estamos em constante construção e sujeitos a mudanças.

» **Charles Sanders Peirce:** defendeu que o conhecimento verdadeiro de algo depende de testarmos as nossas ideias em experiências reais. Assim, as ideias são hipóteses que devem ser executadas para serem conceituadas. Sustentava que o conceito de efeitos práticos (da experiência vivida) forma o todo de nossa concepção sobre um objeto. Esse teórico é um dos pensadores mais importante do pragmatismo, porque defende a dualidade entre o subjetivo e o objetivo.

» **William James:** postulou que a verdade de uma ideia ocorre circunscrita à sua funcionalidade, logo, a verdade não é absoluta, e sim construída em eventos reais, ou seja, no agir – surge das ideias e das consequências dessas ideias. Defendeu a noção de que a individualidade é concreta, mostrando que a verdade nem sempre é objetiva e verificável, e, por isso, é inseparável da experiência.

» **John Dewey:** sistematizou a ideia de pragmatismo e, por acreditar que todos os pensamentos iniciam-se em situações de conflito, passou a defender uma metodologia experimental para a construção do pensamento, isto é, a defender a concepção de que devemos utilizar a filosofia para que ela nos ajude a ser mais experimentais (testando as ideias antes de agirmos), pois, para Dewey, as ideias são instrumentos para a solução dos problemas, os quais valorizam as escolhas individuais. Como para esse teórico as experiências não são simplesmente acontecimentos isolados, passou a analisar as consequências práticas das ideias.

Destacamos que esses pensadores defendem, de forma subjetiva, que a escola deve enfatizar a interação entre a individualidade e a sociabilidade, sendo esta uma espiral na construção de pensamentos e ações. Por sua vez, o processo de inclusão precisa ser criativo, consciente, real e, principalmente, individual. Razão pela qual a filosofia pragmática vem atender tal especificidade: porque se baseia em experiências vividas e reelaboradas, para que haja transformação, gerando uma nova cultura social.

A inclusão necessita de ações eficazes que garantam os desenvolvimentos intelectual, social, afetivo e profissional da clientela a qual se destina. Para tanto, faz-se necessário subsidiá-lo com uma filosofia que inter-relacione as situações existentes com os ideais necessários, de modo que, qualitativamente, compreenda a diversidade nos diferentes serviços educacionais existentes, seja no ensino regular, seja no especial.

Observamos que o processo inclusivo está em discussão, o que possibilita a associação de ideias com situações reais, assim atendendo aos princípios do pragmatismo, que têm as experiências e o pensamento como instrumentos para a transformação.

Devemos considerar, no entanto, que as mudanças só ocorrem quando há consciência das práticas pedagógicas e a qualidade na formação dos professores atuantes nesse processo educacional.

Observe que a inclusão escolar fundamenta-se, portanto, em uma filosofia que possibilita a construção de igualdade de condições a todos, no que se refere ao atendimento educacional e profissional, objetivando oportunizar o acesso e a permanência de alunos com necessidades educativas especiais nas escolas regulares brasileiras. Contudo, existem vários problemas referentes ao ensino que estão sendo vivenciados nas escolas brasileiras, a começar pela falta de infraestrutura para atender às necessidades dos alunos – independentemente do seu nível de ensino e limitação.

Para exemplificar esse processo, relatamos a observação realizada com uma aluna que cursava Pedagogia, quando a acompanhamos na disciplina Estágio Supervisionado em uma escola rural, no município de São José dos Pinhais (PR).

A escola, no caso, utilizava-se de salas de aula emprestadas da igreja, pois não havia espaço físico próprio, nem sala para os professores, bem como biblioteca ou uma cozinha adequada. Não havia equipe de coordenação pedagógica; sendo que a turma, na qual nossa aluna atuou, era multisseriada.

O trabalho de estágio foi realizado com dez alunos da segunda série que apresentavam muitas dificuldades na leitura, na escrita e nos cálculos, além do que, é importante, para o enquadramento preciso da situação, atentar para o fato de que a linguagem desses alunos é regional, com palavras específicas, como *"cume"* em vez de *comer*, *"imo"* no lugar de *irmos*. Embora tivesse apenas dez alunos, a estagiária teve dificuldades para desenvolver as aulas por falta de recursos pedagógicos como ábaco, giz e tesoura, entre outros. Isso é um reflexo do contexto social existente, e a esse tipo de situação (experiências) a corrente pragmática tenta explicar, mostrando que uma das formas de possibilitar a transformação e o processo de inclusão para esses alunos é a ampliação de possibilidades, como a disponibilização de recursos adequados e de vivências diferenciadas, bem como a utilização dos encaminhamentos pedagógicos criativos para a construção do conhecimento e a ampliação da visão de mundo dos alunos.

Outro fator que merece destacarmos, nesse caso, é que, para a estagiária (aluna do curso de Pedagogia), não existia nada incorreto nas carências observadas, pois residia próxima a essa escola, logo, estava inserida no contexto social e cultural dos alunos.

Em uma conversa informal, ela demonstrava conformada com a realidade da escola e, inclusive, considerou que o processo de inclusão não se fazia necessário, porque, segundo suas afirmações, "eles são assim mesmo", "aqui é assim, falta tudo" e "fica pior na época de colheita, porque os alunos faltam à escola para ajudar a família na colheita".

A inclusão, como podemos inferir pelo exemplo citado, não é apenas um processo destinado às pessoas com necessidades especiais, mas, sim, a quaisquer mecanismos que necessitem de adequações, sejam eles de ordem curricular, física, metodológica e, até mesmo, afetiva, para transformarem-se enquanto agentes sociais. Em relação à experiência relatada, surge um questionamento: como os fundamentos filosóficos de que a estagiária se utilizou definem o princípio educacional de sua realidade?

No desenrolar dessa experiência, observamos que se manifestou o pensamento pragmático, pois este se refere às experiências sem a interferência do sujeito para a construção do conhecimento, uma vez que as relações fizeram-se presentes e repetiram-se sem que houvesse alterações. O trabalho pedagógico referente à vivência apresentada deveria, portanto, atender ao pensamento de Charles Darwin, que defende a ideia de que a natureza opera por meio do desenvolvimento sem direções predeterminadas, por conseguinte, estamos em constante construção e sujeitos a mudanças, logo, cabe à escola possibilitar recursos para que haja mudanças no seu ambiente, nos alunos e nos próprios professores que nela atuam.

Se relacionarmos o problema dessa turma observada, com o pensamento de John Dewey, que valoriza (ampliando a visão inicial do pragmatismo) as experiências não como se fossem simples acontecimentos isolados, veremos que os professores do referido grupo de estudantes dessa escola rural devem considerar o fato de que tais alunos fazem parte de um contexto maior. Salientamos que, há, portanto, necessidade, sob essa perspectiva filosófica, de criar e estimular expectativas maiores, tirando os alunos da acomodação. Por isso, os docentes devem praticar uma didática que analise as consequências das ações das ideias. Se acreditarmos que todos os pensamentos iniciam-se em situações de conflito, entenderemos que a metodologia que visa ao sucesso da aprendizagem desses alunos pode ser a de resolução de problemas para oportunizar a construção do pensamento. Enfatizamos, aqui, os estudos de Dewey, que afirmou fazer uso da filosofia com o objetivo de atuação de forma mais experimental: é necessário testar as ideias antes de agir, se considerarmos os instrumentos que viabilizam a solução de problemas e que estes valorizam as escolhas individuais.

Essa concepção filosófica, se relacionada à escola mencionada, possibilita-nos perceber a necessidade de um processo de inclusão de uma prática pedagógica eficaz, objetivando transformações culturais e de conhecimentos dos alunos, os quais têm um contexto social limitado em relação a outros. Assim, a função do professor, nesse espaço pedagógico, é criar situações desafiadoras, possibilitando uma leitura de mundo diferenciada e viabilizando a inclusão escolar e, consequentemente, social desses alunos da zona rural.

Filmes que recomendamos a você

Entre os muros da escola. Direção: Laurent Cantet. Produção: Caroline Benjo, Carole Scotta, Barbara Letellier e Simon Arnal. França: Sony Pictures Classics, 2007. 128 min.

Experimentando a vida. Direção: John Duigan. Produção: William J. MacDonald. EUA: Warner, 1999. 103 min.

Livre para voar. Direção: Paul Greengrass. Produção: Melanie Allen. Inglaterra: Europa Filmes, 1998. 101 min.

Meu pé esquerdo. Direção: Jim Sheridan. Produção: Noel Pearson. Irlanda: Miramax, 1989. 103 min.

Nell. Direção: Michael Apted. Produção: Jodie Foster e Renée Missel. EUA: 20th Century Fox, 1994. 115 min.

O oitavo dia. Direção: Jacó van Dormael. Produção: Philippe Godeau. França; Bélgica; Inglaterra: MK2, 1996. 118 min.

Aspectos históricos e conceituais da educação inclusiva

Destacamos que, historicamente, a educação especial começou a ser objeto de discussão na Europa no início do século XX, sendo que podemos apontar duas orientações básicas para o desencadeamento desse processo: primeiramente, a gradual medicalização das deficiências que, assim, deixavam de ser interpretadas sob o ponto de vista místico e religioso, passando a encontrar justificativas sob condições médicas; em segundo lugar, a proliferação de escolas especiais e a consequente necessidade de discutir-se sobre o *status* educacional oferecido por elas, somadas a suas implicações no quadro geral do desenvolvimento da aprendizagem dos alunos que apresentavam algum tipo de necessidade educativa especial.

Na Europa, as especificidades desse trabalho desencadearam abordagens diferentes, entre as quais se destacam as linhas pedagógicas experienciadas no Reino Unido e na Europa Central.

O sistema britânico tratava separadamente das deficiências, para organizar suas atividades educacionais. Como exemplo de tal procedimento, podemos citar uma criança com uma disfunção sensório-motora. Nesse caso, a disfunção servia de foco principal para a análise de suas dificuldades e, portanto, o processo reabilitador dessa criança incidia sobre um treino de habilidades dos órgãos afetados até que se atingisse uma média compensatória em sua aprendizagem. Observe que, em consequência, o trabalho educacional com essa criança consistia, especialmente, na reabilitação média de suas habilidades sensórias, em vez de seu padrão geral de desenvolvimento.

Salientamos que, na Europa Central, contrastando com o procedimento inglês, prevalecia a tradição holística de interpretação do desenvolvimento, processo no qual as deficiências eram tratadas conjuntamente e subsidiadas por uma rede de atendimento denominada *pedagogia curativa*. Para a pessoa com deficiência, a interpretação global de desenvolvimento implicava reconhecê-lo como um indivíduo socialmente constituído, embora com alterações em suas estruturas biológicas.

Se interpretarmos essas duas tendências de trabalho a partir do deficiente, observamos diferenças em suas abordagens. Na visão holística, percebemos que o sujeito com alguma necessidade especial recebe, nessa linha pedagógica, uma consideração relevante em relação aos seus aspectos interativos e sociais, ao ser feita a interpretação clínica de sua patologia; já, na abordagem britânica, prevalecem as leituras clínica e terapêutica de cada caso.

Perceba que as diferenças filosóficas que sustentavam esses procedimentos de trabalho na educação especial enfatizavam os planos filosófico e sociológico que serviram como pontos de partida para o processo de ensino e aprendizagem.

Enfatizamos que as crianças ditas "normais" costumam excluir dos jogos e das brincadeiras aquelas que não respondem adequadamente às situações propostas pelo grupo. Essa dificuldade em serem aceitas e em interagir com o grupo faz com que elas deixem de vivenciar a escola no que se refere ao exercício da atividade cooperativa, da representação de papéis e do ensaio dos valores éticos e morais que a sociedade nos apresenta enquanto grupo.

Para exemplificar, citamos o caso de uma aluna de escola especial que foi levada para uma avaliação psicopedagógica com o intuito de encaminhá-la para o ensino regular, no entanto, em função do resultado da avaliação motora, retornou para a escola especializada, pois não foi aceita sua inclusão no sistema de ensino regular pelo fato de não ter segurado uma bola quando arremessada para ela, sendo que esse quesito reduziu a pontuação em um dos testes utilizados como critério de promoção. Nesse caso, o que ocorreu foi que os aplicadores não consideraram o problema de hemiplegia (limitação para essa atividade específica), direcionando-a a uma escola especial e descartando todas as suas outras possibilidades intelectuais. Constatamos que muitos desses erros são cometidos por profissionais despreparados que valorizam a deficiência e esquecem das qualidades/habilidades ou das potencialidades das pessoas com necessidades especiais.

Frequentemente as escolas especiais adotam como procedimento rotineiro a organização de grupos de acordo com o grau de comprometimento intelectual desses alunos. Essa prática é conveniente para os educadores, que a justificam como procedimento para um melhor atendimento às necessidades específicas do educando. Mas, perceba que, do ponto de vista do aluno, essa conduta empobrece a qualidade de interação com seus parceiros e prejudica o desenvolvimento nos aspectos emocional, cognitivo e social. No entanto, esse método de grupos homogêneos faz parte da rotina escolar brasileira, que reserva, por meio de seus planejamentos, pouco espaço para trabalharmos as diferenças. Lembramos, para ilustrar tal questão, dos alunos adolescentes, nas escolas especiais, lidando com atividades com temas infantis e interagindo com parceiros de diferentes idades, em função de um diagnóstico intelectual abaixo do ideal esperado para sua idade cronológica.

Quando brincam informalmente, todas as crianças tendem a agrupar-se em função de interesses comuns em suas experiências de vida. Por isso, acreditamos que a idade e a busca por interesses motivadores comuns (próprios de um grupo) deveriam ser sempre levadas em conta no ensino regular, mesmo havendo os chamados *desníveis intelectuais* entre os alunos, conforme classificam seus professores. Destacamos que essa busca por interesses comuns, no trabalho em sala de aula, deve valer também para a criança com necessidades educativas especiais.

Uma forma para buscarmos esse fator comum entre os alunos das escolas e das classes especiais, por exemplo, é a de agrupá-los por sua faixa etária, enfocando somente as patologias. Tal procedimento poderia trazer, ao mesmo tempo, ganhos pedagógicos e emocionais, uma vez que dentro dessa circunstância os parâmetros para o planejamento do trabalho escolar seriam, além de necessidades especiais, referências social e cultural situadas de acordo com o momento histórico de cada educando.

Observe que, nesse contexto, sendo instrumento fundamental para os processos de mediação e fator estruturante do desenvolvimento cognitivo do ser humano, a linguagem manifesta-se como uma ferramenta importante para que o homem se constitua enquanto sujeito. Consideramos que, para os educadores envolvidos com a educação especial, essa visão de desenvolvimento que emerge do sociointeracionismo apresenta aspectos que possibilitam pensar a respeito de questões relativas ao trabalho pedagógico realizado com as pessoas com necessidades educativas especiais. Trabalho que converge para dois pontos que sintetizamos a seguir:

» A escola especial assume um papel importante como agente integrador do aluno pela via do conhecimento, não devendo ocupar, portanto, uma posição hierárquica inferior à da escola regular no que se refere à qualidade da prática pedagógica. É a limitação do aluno que geralmente o professor escuta (no sistema tradicional) e não o seu aluno, no entanto, pouco se consideram os efeitos nefastos que esse comportamento pode acarretar ao aluno; pois, quando este não consegue corresponder à expectativa esperada pelo seu grupo social, até pela dificuldade que encontra em estabelecer uma identificação com os seus pares, ele passa a ser visto por todos sob o prisma reducionista dessa limitação que, assim, assume uma dimensão significativa em relação às suas outras características pessoais.

» Resgatar a possibilidade de se construir uma prática pedagógica não reducionista, que considere todas as possibilidades de progressos do aluno, isto é, que se centre em suas possibilidades e progressos, na escola regular ou em atendimento específico.

Nesse contexto, realmente precisamos refletir para elucidarmos até que ponto o empobrecimento cultural da pessoa com necessidade educativa especial tem sido alimentado pelo esquema educacional ao qual tem acesso, e que, muitas vezes, pode constituir-se em uma das fontes de alienação desses sujeitos, já que os seus conteúdos pedagógicos não atendem às suas necessidades.

Ressaltamos que a proposta de inclusão surgiu com a chegada do século XX, momento em que as pessoas com necessidades educativas especiais passaram a ser consideradas cidadãos com direitos e deveres. Isso foi expresso por intermédio dos variados documentos que surgiram, sendo o primeiro deles de 1948, no qual se torna pública a *Declaração Universal dos Direitos Humanos*. Saiba que foi com base nesse documento que as famílias dessas pessoas iniciaram alguns debates e organizaram-se, realizando, então, as primeiras críticas sobre a segregação – surgiam, aí, os movimentos em prol da inclusão.

No Brasil, a educação especial enquadrou-se no sistema geral de educação com a aprovação da Lei nº 4.024/1961*, contemplando o atendimento às pessoas com necessidades educativas especiais, quando possível, no sistema regular de ensino.

Lembramos que na década de 1970, nos Estados Unidos, iniciaram-se as primeiras teorias sobre inclusão com a finalidade de proporcionar melhores condições de vida aos portadores de deficiência, contando com a criação de uma rede de informações sobre o assunto, além de serem aprovadas, em lei, as modificações curriculares para garantir-se a aprendizagem desses educandos.

---

*   Essa lei foi revogada pela Lei nº 9.394/1996. Para ver a Lei nº 4.024/1961 na íntegra, acesse o *site*: <http://www.planalto.gov.br/ccivil_03/Leis/L4024.htm>.

É importante enfatizarmos que, em estudos recentes, os anos 1980 são considerados como a década dos tratados, época em que se originaram as primeiras declarações e tratados defendendo o processo inclusivo. Em 1985, por exemplo, realizaram-se a Assembleia Geral das Nações Unidas e o *Programa de Ação Mundial para as Pessoas Deficientes*, que é a Resolução nº 37/52 (ONU, 1992), o qual lança um programa de ação mundial para as pessoas deficientes, recomendando: "quando for pedagogicamente factível, o ensino da pessoa deve acontecer dentro do sistema escolar normal".

Observe que em 1989 aprovou-se, no Brasil, a Lei nº 7.853/1989*, a qual, no item "educação", prevê a oferta obrigatória e gratuita da educação especial em estabelecimentos públicos de ensino, prevendo, também, crime punível e reclusão de um a quatro anos, mais multa, para dirigentes de ensino público ou particular que se recusarem a matricular alunos que apresentam algum tipo de deficiência ou mesmo suspenderem sem justa causa a sua permanência na escola. Atente para o fato de que, no ano seguinte, foi lançado o *Estatuto da Criança e do Adolescente* (Lei nº 8.069/1990**), que reiterou os direitos garantidos na constituição e o atendimento especializado para as pessoas com necessidades especiais, preferencialmente na rede regular de ensino. Anos mais tarde, na Espanha, na cidade de Salamanca, em 1994, houve um encontro em que participaram mais de trezentos países e mais de noventa e dois representantes da sociedade civil na

---

*   Para ver a Lei nº 7.853/1989 na íntegra, acesse o *site*: <http://www.planalto.gov.br/ccivil_03/Leis/L7853.htm>.

** Para ver a Lei nº 8.069/1990 na íntegra, acesse o *site*: <http://www.planalto.gov.br/ccivil_03/Leis/L8069.htm>.

discussão do tema *Direitos de igualdades das pessoas deficientes*. Nesse encontro, elaborou-se um documento de compromisso para garantir os direitos educacionais das *pessoas com necessidades especiais*. Foi a partir desse documento (relacionado à Educação) que passamos a denominar os deficientes de pessoas portadoras de necessidades educativas especiais. A *Declaração de Salamanca* (Brasil, 2010) constitui-se no suporte pedagógico utilizado atualmente, pois apresenta linhas de ação para garantir a igualdade de oportunidades e, desse modo, efetivar o processo inclusivo, que, por vezes, está sendo confundido com a integração.

Entendemos por integração a inserção pura e simples das pessoas com necessidades educativas especiais, sem que haja nenhuma adaptação específica do contexto para o desempenho de tais atividades, utilizando-se, para isso, somente os recursos previamente disponíveis.

Ao considerarmos os aspectos necessários para o sucesso do processo inclusivo, devemos analisar quais são os conhecimentos que precisamos desenvolver e que ainda não foram efetivamente assimilados por profissionais da educação. É interessante que você observe, sob esse aspecto, a Lei nº 9.394/1996*, a qual estabelece as *Diretrizes e Bases da Educação Nacional*, que descreve que os alunos que apresentam necessidades educativas especiais devem ser atendidos, preferencialmente, na rede regular de ensino. Veja, isso não quer dizer que devam ser atendidos na escola regular. Contudo, e sobre isso é importante refletir, não estaremos integrando-os se pensarmos apenas nos objetivos gerais da educação, dos quais destacamos:

---

* Para ver a Lei nº 9.394/1996 na íntegra, acesse o *site*: <http://www.planalto.gov.br/ccivil_03/Leis/L9394.htm>.

respeito à dignidade; direito à formação integral, direito à igualdade de oportunidades, direito à autorealização; direito à liberdade de aprender, direito à qualificação para o trabalho e direito ao exercício da cidadania. Destacamos, no entanto, que, quando o foco é a educação especial, os objetivos específicos são:

» respeito à dignidade da pessoa;
» direito a igualdades de oportunidades;
» direito à liberdade de aprender e ser diferente;
» direito à felicidade.

Partindo desses quatro objetivos, temos clareza da necessidade em oportunizar a inclusão, que é um processo bilateral, no qual não há diferenças entre as pessoas (a sociedade é para todos), mas sim a equiparação de oportunidades, sendo esses os aspectos necessários para obtermos o sucesso no processo inclusivo.

Quando falamos sobre equiparação de oportunidades, enfocamos algumas concepções de suma importância, como a valorização do direito ao desenvolvimento (emocional, físico e social) e a consideração do indivíduo como um todo, devendo este ser visto em sua íntegra, mas, ao mesmo tempo, respeitando suas diferenças, seus desejos e seus anseios.

A escola – com o objetivo de favorecer o desenvolvimento de pessoas com necessidades educativas especiais – precisa delinear uma conduta filosófica que corresponda ao desenvolvimento pleno do indivíduo. Nesse sentido, a concepção inclusiva (transformadora) valoriza a pessoa com necessidades educativas especiais enquanto um ser humano normal dotado de sentimentos, de desejos e de elaborações mentais. Sob essa perspectiva, a limitação passa a ser vista como uma das características do indivíduo e jamais como referência de quem ele é, pois a deficiência é uma característica da pessoa, sendo considerada parte dela, e não que a pessoa seja a sua deficiência.

Veja que, nesse contexto, a rede regular de ensino tem a função básica de realizar a inserção da pessoa com necessidades educativas especiais em seu nível de ensino, bem como a sua socialização. Sendo assim, o funcionamento da unidade educacional deve refletir seus princípios, tendo a comunidade escolar como agente da educação, de modo a valorizar todas as situações, pois são momentos diferenciados de aprendizagens, incluindo os momentos de convivência familiar. Entenda que a sociedade, por sua vez, tem um papel fundamental e deve envolver-se nesse processo; já ao poder público cabe viabilizar o repasse de verbas, facilitando as parcerias em decorrência de sua função.

Partindo desses pressupostos, apresentamos três passos, segundo os *Parâmetros Curriculares Nacionais - PCN* (Brasil, 1999b), que descrevemos a seguir, para obtermos o sucesso no processo de inclusão escolar:

1. O ENVOLVIMENTO DA COMUNIDADE: o sistema educacional deve ser diferente, para que haja a inserção de todos, sem restrições linguísticas, sensoriais, cognitivas, físicas, emocionais, étnicas e socioeconômicas, entre outras, por meio de uma política correta que venha atender à diversidade, para isso é necessário que a comunidade conheça a pessoa com necessidades educativas especiais, favorecendo sua participação no meio em que está inserida.

2. FORMAÇÃO PROFISSIONAL: deve acontecer de forma contínua, priorizando o desejo do profissional em desenvolver um trabalho com os alunos, sabendo de suas limitações no processo de aprendizagem e considerando as questões sociais e emocionais que impedem a ele dar uma resposta a curto prazo. Outro aspecto fundamental é a busca de informações que irão subsidiar a prática pedagógica, acreditando que, enquanto profissional

da educação, temos a capacidade de ensinar e que os alunos têm potencialidades para apreender.

3. ADAPTAÇÕES CURRICULARES: representam os fatores que possibilitam aos alunos o acesso ao currículo formal, observando que a pedagogia utilizada será centrada no aluno, e o foco principal é a sua aprendizagem.

Destacamos que o currículo deve ser adaptado em sua íntegra, priorizando a necessidade do aluno, sendo possível nele inserir, eliminar, completar e, ainda, criar novos objetivos alternativos, pensando sempre na garantia da aprendizagem. Os conteúdos contemplados no currículo também podem ser alterados, lembrando sempre que os níveis mínimo e básico devem ser desenvolvidos de acordo com a evolução dos alunos. Além disso, como a aprendizagem é o objetivo maior desse processo educacional, a temporalidade é um item prioritário no sentido de respeitar o ritmo de cada aluno e, consequentemente, valorizar seus interesses, suas potencialidades e seus limites.

Não podemos esquecer, ainda, que os encaminhamentos metodológicos são fundamentais para garantir esse processo de aprendizagem, oportunizando a busca por recursos físicos, teóricos, estratégias criativas e métodos alternativos para ensinar, de modo a organizar atividades, a introduzir ou a eliminar recursos e conteúdos específicos para viabilizar e efetivar o currículo, suprindo as necessidades do aluno.

Mas, veja bem, quando discutimos o processo de aprendizagem, surge outro tópico importante: a questão da avaliação. Não poderíamos excluí-la, não é mesmo? Sendo assim se faz necessário termos claros os objetivos almejados, além de determinarmos critérios que demonstrem a evolução do aluno, proporcionando sua promoção e cumprindo-se um dos objetivos da educação especial que é possibilitar a felicidade do aluno, do profissional, da família e da sociedade, concorda?

Antes de encerrarmos o capítulo, precisamos enfatizar que a promoção do processo inclusivo deve considerar que o sistema educacional precisa preparar o aluno para a vida, e isso ocorre quando há condições adequadas que viabilizam a construção de conhecimentos por todos, para que haja modificações nos pensamentos e nas atitudes da sociedade.

Filmes que recomendamos a você

Gritos e sussurros. Direção: Ingmar Bergman. Produção: Lars-Owe Carlberg. Suécia: Cinematografia AB; Svenska Filminstituet, 1972. 90 min.

Meu filho meu mundo. Direção: Glenn Jordan. Produção: Richard M. Rosenbloom. EUA: Orion, 1979. 137 min.

O óleo de Lorenzo. Direção: George Miller. Produção: George Miller e Doug Mitchell. EUA: Universal Home Video, 1992. 135 min.

Pequeno milagre. Direção: Mark Steven Johnson. Produção: John Baldecchi, Roger Birnbaum, Howard Ellis, Billy Higgins e Laurence Mark. EUA: Buena Vista Pictures, 1998. 113 min.

Sempre amigos. Direção: Peter Chelsom. Produção: Simon Fields e Jane Startz. EUA: Miramax Films, 1998. 100 min.

3

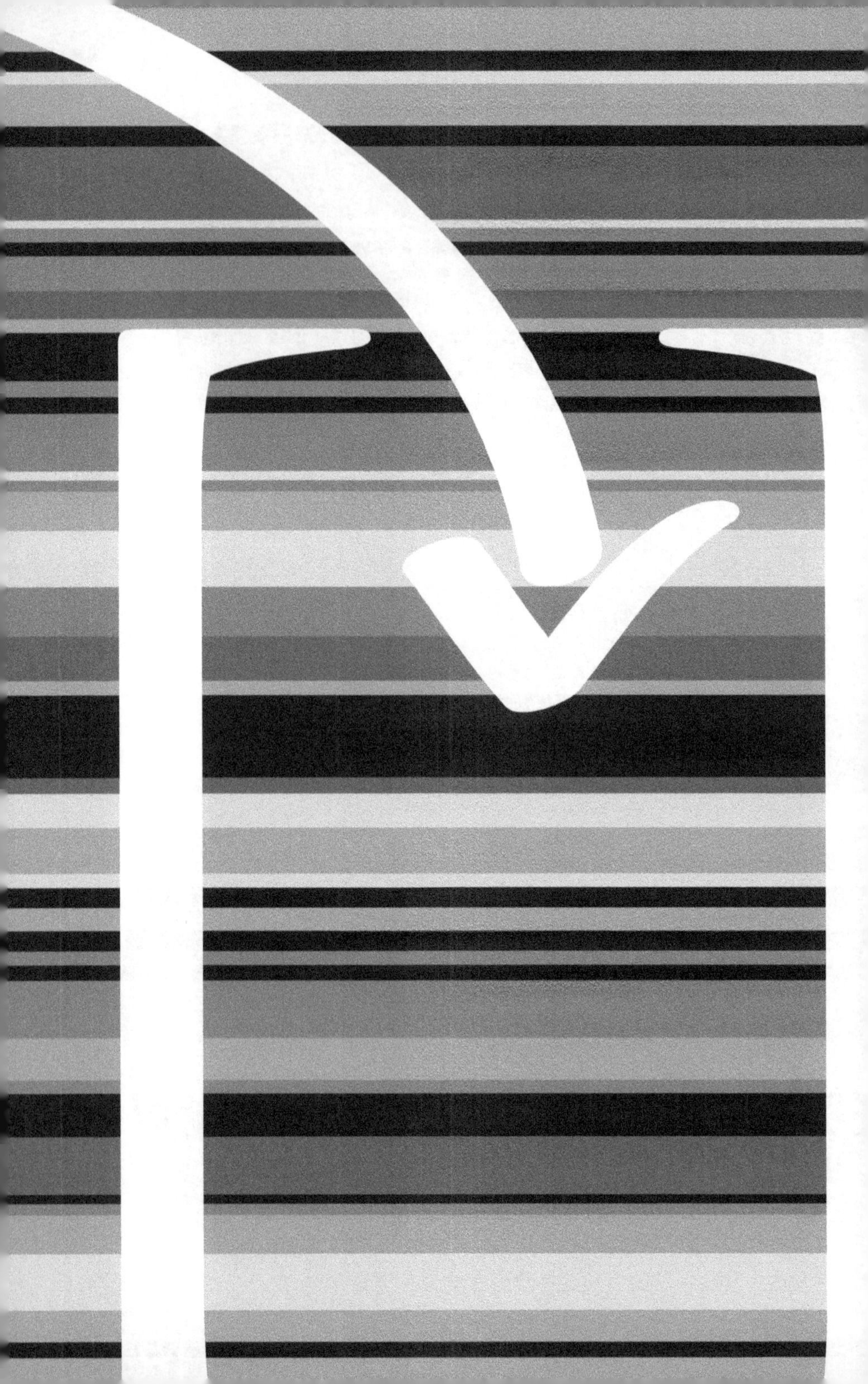

Aspectos legais da educação

Iniciamos a reflexão sobre o sistema educacional brasileiro, considerando a Constituição Federal de 1988* (a qual está em vigor a fim de atender a necessidade social). Para facilitar o entendimento deste capítulo, é interessante conhecermos todos os documentos aqui citados (não só a Constituição). Assim, sugerimos tê-los em mãos, para que sejam consultados em caso de dúvida, certo?

Abordamos os documentos que consideramos importantes, pois contemplam o processo inclusivo, o qual se encontra em constante transformação, o que, em parte, impossibilita o cumprimento das leis na íntegra, por falta de divulgação e, muitas vezes, de entendimento. Portanto, são apenas quatro as leis básicas discutidas

---

* Para ver a Constituição (1988) na íntegra, acesse o *site*: <http://www.planalto.gov.br/ccivil_03/constituicao/constitui%C3%A7ao.htm>.

como fundamento da educação inclusiva no sistema educacional: a Constituição Federal de 1988, a Lei de Diretrizes e Bases da Educação Nacional (LDBEN) nº 9.394/1996, a Lei da Corde nº 7.853/1989 e a Lei de Acessibilidade nº 10.098/2000*.

Você sabia que a história da legislação brasileira, no que se refere à educação, tem sido prejudicada pela demora nas aprovações das leis? Já houve várias discussões sobre o assunto, isso desde a década de 1940. Assim, surgiram projetos de leis para atender às necessidades da educação brasileira, iniciando com a Lei nº 4.024/1961, que teve sua versão inicial enviada à Câmara Nacional em 1948 e só foi aprovada, veja só, 13 anos depois, em 1961. Com o golpe militar, essa lei sofreu modificações, dando origem à Lei de Reforma Universitária nº 5.540/1968**, à Lei de Reforma do Ensino de Primeiro Grau nº 5.692/1971*** (atualmente denominado de *ensino fundamental*) e, posteriormente, a Lei nº 7.044/1981****, determinando o fim do ensino profissionalizante no ensino médio, na época denominado de *segundo grau* (essas leis foram revogadas pela Lei nº 9.394/1996).

Com a posse do governo civil, em 1985, surgiu o interesse em elaborar uma constituição federal que atendesse às necessidades

---

* Para ver a Lei nº 10.098/2000 na íntegra, acesse o *site*: <http://www.planalto.gov.br/ccivil_03/Leis/L10098.htm>.

** Para ver a Lei nº 5.540/1968 na íntegra, acesse o *site*: <http://www.planalto.gov.br/ccivil_03/Leis/L5540.htm>.

*** Para ver a Lei nº 5.692/1971 na íntegra, acesse o *site*: <http://www.planalto.gov.br/ccivil_03/Leis/L5692.htm>.

**** Para ver a Lei nº 7.044/1981 na íntegra, acesse o *site*: <http://www.planalto.gov.br/ccivil_03/Leis/L7044.htm>.

sociais, sendo assim criada uma lei específica para educação – a Lei de Diretrizes e Bases da Educação Nacional nº 9.394/1996, conhecida como LDBEN.

Veja o que diz a Constituição Federal de 1988 em seu art. 205: "A educação, direito de todos e dever do Estado e da família, será promovida e incentivada com a colaboração da sociedade, visando ao pleno desenvolvimento da pessoa, seu preparo para o exercício da cidadania e sua qualificação para o trabalho."

Observe que esse artigo considera que todas as pessoas – independente de etnia, características ou limitações – têm o direito de receber atendimento que objetive seu desenvolvimento pessoal, bem como ser agente atuante na sociedade. É um artigo que, subjetivamente, atende à proposta inclusiva, pois garante a todas as pessoas o direito à educação, à cultura e à qualificação para o trabalho, certo?

Na sequência, o art. 206 regulamenta que o ensino deve ser ministrado sob os princípios da (o):

[...]
I - igualdade de condições para o acesso e permanência na escola;
II - liberdade de aprender, ensinar, pesquisar e divulgar o pensamento, a arte e o saber;
III - pluralismo de ideias e de concepções pedagógicas, e coexistência de instituições públicas e privadas de ensino;
IV - gratuidade do ensino público em estabelecimentos oficiais;
V - valorização dos profissionais do ensino, garantidos, na forma da lei, planos de carreira para o magistério público, com piso salarial profissional e ingresso exclusivamente por concurso público de provas e títulos;
VI - gestão democrática do ensino público, na forma da lei;
VII - garantia de padrão de qualidade.
[...]

Observe que esses princípios pontuam as condições mínimas com que devemos trabalhar enquanto educadores, principalmente no que se refere à defesa de que todos devem ter acesso à qualidade educacional. Temos consciência de que ainda não atendemos a todas as exigências dessa legislação, pois existe um grande número de analfabetos no país e de escolas que não viabilizam o acesso e a permanência de seus educandos, principalmente quando se refere aos portadores de necessidades educativas especiais. Isso nos faz acreditar que a divulgação desse artigo é essencial para o sucesso de nosso sistema educacional, pois assim possibilita o seu entendimento e a sua aplicação na íntegra por educadores e gestores, bem como pelo poder público e os demais envolvidos com a educação.

Se nos adiantarmos um pouco, veremos que o art. 208 da constituilção federal de 1988 complementa as condições analisadas com a afirmativa de que o dever do Estado para com a educação é efetivado mediante a garantia de:

> *[...]*
>
> *I – educação básica obrigatória e gratuita dos 4 (quatro) aos 17 (dezessete) anos de idade, assegurada inclusive sua oferta gratuita para todos os que a ela não tiveram acesso na idade própria;*
>
> *II – progressiva universalização do ensino médio gratuito;*
>
> *III – atendimento educacional especializado aos portadores de deficiência, preferencialmente na rede regular de ensino;*
>
> *IV – educação infantil, em creche e pré-escola, às crianças até 5 (cinco) anos de idade;*
>
> *V – acesso aos níveis mais elevados do ensino, da pesquisa e da criação artística, segundo a capacidade de cada um;*

VI – oferta de ensino noturno regular, adequado às condições do educando;
VII – atendimento ao educando, em todas as etapas da educação básica, por meio de programas suplementares de material didático-escolar, transporte, alimentação e assistência à saúde.
[...]

Ao analisarmos criticamente esses dois artigos (206 e 208), percebemos que existem afinidades entre eles, pois, ambos buscam, na educação, argumentos para o desenvolvimento social, que, se fossem executados, teríamos uma educação diferenciada na sociedade atual. Isso favorece o desenvolvimento integral das pessoas, caso atendidas de forma igualitária no sistema educacional, possibilitando maiores recursos para a inserção delas no mercado de trabalho e garantindo um desempenho social e financeiro por meio da construção de diferentes conhecimentos adquiridos com uma educação transformadora. Percebemos que, quanto maior o grau de instrução, melhor seu poder aquisitivo, o que possibilita o acúmulo de recursos para atender suas necessidades físicas, sociais e culturais.

Veja que o discurso dessa legislação atende a todos os princípios cuja aplicação é exigida dos países em desenvolvimento pelo Banco Mundial. São artigos idealistas que nos levam a refletir sobre situações sociais que permeiam o cotidiano do educador e o que de fato está ocorrendo no sistema educacional que impossibilita a instituição escolar de atender às exigências legais e de garantir a execução destas de modo a assegurar a formação escolar de todos. Portanto, há a necessidade de os profissionais de educação conscientizarem-se dos princípios norteadores, garantidos pela legislação, existentes no trabalho educativo, vitalizando, assim, o desenvolvimento do nosso país.

Destacamos que, somente após muitas discussões com a comunidade acadêmica, a sociedade civil e os órgãos afins – para atender as especificidades da educação –, foi aprovada, em 1996, pelo governo do presidente Fernando Henrique Cardoso, a LDBEN nº 9.394/1996, que define os encaminhamentos a serem efetivados pelo sistema educacional brasileiro.

A LDBEN nº 9.394/1996 modifica nomenclaturas, define metas e pontua ações na área educacional. Como estamos fundamentando o processo de educação inclusiva, utilizamo-nos da legislação atual referente à educação para visualizarmos os objetivos descritos na Constituição Federal. Assim, para embasar nossa discussão, tomamos os arts. 58, 59 e 60 dessa lei, pois se referem à educação especial e aos tipos de atendimentos existentes atualmente. O conhecimento e a aplicação desse recorte da LDBEN se fazem necessários para que o processo de inclusão não signifique apenas um modismo, em vez de atender a uma legislação que garanta o atendimento educacional a todas as pessoas.

Ao apresentarmos esses artigos específicos, nosso objetivo é divulgar a legislação (favorecendo sua compreensão) e possibilitar que esta se efetive no sistema educacional atual, de modo a viabilizar o processo inclusivo e, se necessário, habilitá-lo a utilizar a força dela para garantir o atendimento educacional às pessoas com necessidades educativas especiais.

Da Lei nº 9.394/1996, você precisa observar:

[...]

Art. 58. Entende-se por educação especial, para efeitos desta Lei, a modalidade de educação escolar, oferecida preferencialmente na rede regular de ensino, para educandos portadores de necessidades especiais.

§ 1º Haverá, quando necessário, serviços de apoio, especializado, na

escola regular, para atender às peculiaridades da clientela da educação especial.

§ 2º O atendimento educacional será feito em classes, escolas ou serviços especializados, sempre que, em função das condições específicas dos alunos, não for possível a sua integração nas classes comuns de ensino regular.

§ 3º A oferta de educação especial, dever constitucional do Estado, tem início na faixa etária de zero a seis anos, durante a educação infantil.

Art. 59. Os sistemas de ensino assegurarão aos educandos com necessidades especiais:

I – currículos, métodos, técnicas, recursos educativos e organizações específicas, para atender às suas necessidades;

II – terminalidade específica para aqueles que não puderem atingir o nível exigido para conclusão do ensino fundamental, em virtude de suas deficiências, e aceleração para concluir em menor tempo o programa escolar para os superdotados;

III – professores com especialização adequada em nível médio ou superior, para atendimento especializado, bem como professores do ensino regular capacitados para a integração desses educandos nas classes comuns;

IV – educação especial para o trabalho, visando sua efetiva integração na vida em sociedade, inclusive condições adequadas para os que não revelarem capacidade de inserção no mercado de trabalho competitivo, mediante articulação com os órgãos oficiais afins, bem como para aqueles que apresentam uma habilidade superior nas áreas artística, intelectual ou psicomotora;

V – acesso igualitário aos benefícios dos programas sociais suplementares disponíveis para o respectivo nível do ensino regular.

Art. 60. Os órgãos normativos dos sistemas de ensino estabelecerão *critérios de caracterização das instituições privadas sem fins lucrativos, especializados e com atuação exclusiva em educação especial, para fins de apoio técnico e financeiro para o Poder Público.*

Parágrafo único. O Poder Público adotará, como alternativa preferencial, a ampliação do atendimento aos educandos com necessidades especiais na própria rede pública regular de ensino, independentemente do apoio às instituições previstas neste artigo.

[...]

Veja que esses três artigos defendem a individualidade, ou seja, a integridade da pessoa com necessidades educativas especiais, por se referir à pessoa como um ser único, que, como tal, deve ser atendido no sistema educacional, recebendo suporte técnico e financeiro, além de ser atendido em relação às suas necessidades sociais, tendo garantindo o direito descrito na Constituição Federal de 1988, nos arts. 205, 206 e 208, conforme você pôde ver.

Sabemos que estamos distante do efetivo cumprimento da lei, se considerarmos o objetivo de uma educação de qualidade e eficaz para todos, bem como a realização do propósito de desenvolver e formar cidadãos conscientes, prontos para o mercado de trabalho. Salientamos que isso só ocorrerá quando nós, educadores, tivermos consciência da nossa competência técnica e dos conhecimentos de como, quando e por que devem ser cumpridas as leis.

Entenda que o fato de estarmos formados não significa termos clareza do como devemos agir, mas nos garante um mínimo de discernimento sobre a profissão escolhida. Pretendemos, com este estudo, que cada um construa seus conceitos sobre educação e processo inclusivo com os argumentos apresentados até aqui, pois esses dois recursos (a Constituição Federal e a LBDEN) são as principais chaves para o sucesso da educação brasileira.

Observamos que há descompasso entre o que está instituído por lei, em relação às necessidades individuais, e o que de fato ocorre, uma vez que o tempo *cronos* (tempo medido) não facilita o entendimento do tempo *kairos* (tempo individual) para o sucesso do processo inclusivo. Assim, independente das condições de aprendizagem das pessoas atendidas no sistema educacional atual, esses tempos devem ser respeitados.

Há outras legislações específicas referentes às pessoas com necessidades educativas especiais. A exemplo disso, temos a Lei da Corde (Coordenadoria Nacional para a Pessoa Portadora de Deficiência – Lei nº 7.853/1989), que é uma instituição representativa – a qual tem como foco de trabalho o legislativo –, cujos seus trabalhos são direcionados às pessoas com necessidades especiais. Essa legislação específica auxilia diferentes órgãos na compreensão dos atendimentos e dos recursos que as pessoas com necessidades especiais têm garantido, resguardando a integridade e a individualidade desses sujeitos. Nessas circunstâncias, os procedimentos legais são variados, possibilitando os diferentes momentos sociais em que se encontra a pessoa especial, porquanto, essa legislação prevê a inclusão da pessoa de forma íntegra, responsável e atuante – como agente transformador do meio no qual está inserido.

A Lei nº 7.853/1989, da Corde, fundamenta várias ações referentes à educação, à saúde e à profissionalização, além de defender os interesses das pessoas com necessidades especiais, conforme os artigos a seguir:

Art. 1º. Ficam estabelecidas normas gerais que asseguram o pleno exercício dos direitos individuais e sociais das pessoas portadoras

de deficiências, e sua efetiva integração social, nos termos desta Lei.
[...]
Art. 2º. Ao Poder Público e seus órgãos cabem assegurar às pessoas portadoras de deficiência o pleno exercício de seus direitos básicos, inclusive dos direitos à educação, à saúde, ao trabalho, ao lazer, à previdência social, ao amparo à infância e à maternidade, e de outros que, decorrentes da Constituição e das leis, propiciem seu bem-estar pessoal, social e econômico.

Parágrafo único. Para o fim estabelecido no caput deste artigo, os órgãos e entidades da administração direta e indireta devem dispensar, no âmbito de sua competência e finalidade, aos assuntos objetos esta Lei, tratamento prioritário e adequado, tendente a viabilizar, sem prejuízo de outras, as seguintes medidas:

I – na área da educação:

a) a inclusão, no sistema educacional, da Educação Especial como modalidade educativa que abranja a educação precoce, a pré-escolar, as de 1º e 2º graus, a supletiva, a habilitação e reabilitação profissional, com currículos, etapas e exigências de diplomação própria;

b) a inserção, no referido sistema educacional, das escolas especiais, privadas e públicas;

c) a oferta, obrigatória e gratuita, da Educação Especial em estabelecimento público de ensino;

d) o oferecimento obrigatório de programas de Educação Especial a nível pré-escolar, em unidades hospitalares e congêneres nas quais estejam internados, por prazo igual ou superior a um ano, educandos portadores de deficiência;

e) o acesso de alunos portadores de deficiência aos benefícios conferidos aos demais educandos, inclusive material escolar, merenda escolar e bolsas de estudo;

f) a matrícula compulsória em cursos regulares de estabelecimentos públicos e particulares de pessoas portadoras de deficiência capazes de se integrarem no sistema regular de ensino;

[...]

Art. 8º. *Constitui crime punível com reclusão de 01 (um) a 04 (quatro) anos, e multa:*

I – *recusar, suspender, procrastinar, cancelar ou fazer cessar, sem justa causa, a inscrição de aluno em estabelecimento de ensino de qualquer curso ou grau, público ou privado, por motivos derivados da deficiência que porta;*

II – *obstar, sem justa causa, o acesso de alguém a qualquer cargo público, por motivos derivados de sua deficiência;*

III – *negar, sem justa causa, a alguém, por motivos derivados de sua deficiência, emprego ou trabalho;*

IV – *recusar, retardar ou dificultar internação ou deixar de prestar assistência médico-hospitalar e ambulatorial, quando possível, à pessoa portadora de deficiência;*

V – *deixar de cumprir, retardar ou frustrar, sem justo motivo, a execução de ordem judicial expedida na ação civil a que alude esta Lei;*

VI – *recusar, retardar ou omitir dados técnicos indispensáveis à propositura da ação civis objeto desta Lei, quando requisitados pelo Ministério Público.*

[...]

Art. 10 *A coordenação superior dos assuntos, ações governamentais e medidas referentes a pessoas portadoras de deficiência caberá à Secretaria Especial dos Direitos Humanos da Presidência da República.*

Parágrafo único. Ao órgão a que se refere este artigo caberá formular a Política Nacional para a Integração da Pessoa Portadora de Deficiência, seus planos, programas e projetos e cumprir as instruções superiores que lhes digam respeito, com a cooperação dos demais órgãos públicos.

Art. 12. Compete à Corde:

I – coordenar as ações governamentais e medidas que se refiram às pessoas portadoras de deficiência;

II – elaborar os planos, programas e projetos subsumidos na Política Nacional para a Integração de Pessoa Portadora de Deficiência, bem como propor as providências necessárias a sua completa implantação e seu adequado desenvolvimento, inclusive as pertinentes a recursos e as de caráter legislativo;

III – acompanhar e orientar a execução, pela Administração Pública Federal, dos planos, programas e projetos mencionados no inciso anterior;

IV – manifestar-se sobre a adequação à Política Nacional para a Integração da Pessoa Portadora de Deficiência dos projetos federais a ela conexos, antes da liberação dos recursos respectivos;

V – manter, com os Estados, Municípios, Territórios, o Distrito Federal, e o Ministério Público, estreito relacionamento, objetivando a concorrência de ações destinadas à integração social das pessoas portadoras de deficiência;

VI – provocar a iniciativa do Ministério Público, ministrando-lhe informações sobre fatos que constituam objeto da ação civil de que esta Lei, e indicando-lhe os elementos de convicção;

VII – emitir opinião sobre os acordos, contratos ou convênios firmados pelos demais órgãos da Administração Pública Federal, no âmbito da Política Nacional para a Integração da Pessoa Portadora de Deficiência;

VIII – promover e incentivar a divulgação e o debate das questões concernentes à pessoa portadora de deficiência, visando à conscientização da sociedade.

Parágrafo único. Na elaboração dos planos, programas e projetos a seu cargo, deverá a Corde recolher, sempre que possível, a opinião das pessoas e entidades interessadas, bem como considerar a necessidade de efetivo apoio aos entes particulares voltados para a integração social das pessoas portadoras de deficiência.

[...]

Ao considerarmos o meio social, faz-se necessário adequarmos os recursos educacionais e físicos, possibilitando o acesso a diferentes formas de cultura, para que as limitações das pessoas não sejam obstáculos ao seu desenvolvimento integral, mas, sim, tornem-se uma de suas características.

Interligando ao que foi visto na lei anterior (Lei nº 7.853/1989), apresentamos a Lei nº 10.098/2000, que estabelece normas gerais e critérios básicos para a promoção da acessibilidade – quando relacionada a espaços físicos educacionais, culturais e, consequentemente, aos diferentes espaços sociais onde estão as pessoas com necessidades especiais – garantindo o direito de ir e vir (o qual é bastante reduzido) e dando outras providências. Essa legislação está em fase de divulgação e discussão por parte dos órgãos públicos e privados, sendo necessário conhecimento de causa para possibilitar as adequações necessárias referentes aos espaços físicos de estada e de locomoção, bem como para garantir às pessoas acessibilidade aos espaços sociais existentes, pensando na necessidade específica de cada pessoa.

Com relação a Lei nº 10.098/2000, consideramos conveniente destacar alguns capítulos que dispõem objetivamente sobre o direito de pessoas com insuficiência motora obterem acesso aos mais variados espaços físicos e sociais, conforme os artigos a seguir:

Art. 1º. Esta Lei estabelece normas gerais e critérios básicos para a promoção da acessibilidade das pessoas portadoras de deficiência ou com mobilidade reduzida, mediante a supressão de barreiras e de obstáculos nas vias e espaços públicos, no mobiliário urbano, na construção e reforma de edifícios e nos meios de transporte e de comunicação.

Art. 2º. Para os fins desta Lei são estabelecidas as seguintes definições:

I – *acessibilidade:* possibilidade e condição de alcance para utilização, com segurança e autonomia, dos espaços, mobiliários e equipamentos urbanos, das edificações, dos transportes e dos sistemas e meios de comunicação, por pessoa portadora de deficiência ou com mobilidade reduzida;

II – *barreiras:* qualquer entrave ou obstáculo que limite ou impeça o acesso, a liberdade de movimento e a circulação com segurança das pessoas, classificadas em:

a) *barreiras arquitetônicas urbanísticas:* as existentes nas vias públicas e nos espaços de uso público;

b) *barreiras arquitetônicas na edificação:* as existentes no interior dos edifícios públicos e privados;

c) *barreiras arquitetônicas no transporte:* as existentes nos meios de transportes;

d) *barreiras nas comunicações:* qualquer entrave ou obstáculo que dificulte ou impossibilite a expressão ou o recebimento de mensagens por intermédio dos meios ou sistemas de comunicação, sejam ou não de massa;

III – *pessoa portadora de deficiência ou com mobilidade reduzida:* a que temporária ou permanentemente tem limitada sua capacidade de relacionar-se com o meio e de utilizá-lo;

IV – *elemento da urbanização:* qualquer componente das obras de urbanização, tais como os referentes à pavimentação, saneamento, encanamentos para esgotos, distribuição de energia elétrica, iluminação pública, abastecimento e distribuição de água, paisagismo e os que materializam as indicações do planejamento urbanístico;

V – mobiliário urbano: o conjunto de objetos existentes nas vias e espaços públicos, superpostos ou adicionados aos elementos da urbanização ou da edificação, de forma que sua modificação ou traslado não provoque alterações substanciais nestes elementos, tais como semáforos, postes de sinalização e similares, cabines telefônicas, fontes públicas, lixeiras, toldos, marquises, quiosques e quaisquer outros de natureza análoga;

VI – ajuda técnica: qualquer elemento que facilite a autonomia pessoal ou possibilite o acesso e o uso de meio físico.

[...]

Observe que o capítulo II dessa lei refere-se aos elementos da urbanização e sua necessária concepção e execução, de forma a torná-los acessíveis ao público que apresenta alguma limitação de mobilidade na sociedade atual, uma vez que ele garante o acesso aos diferentes espaços físicos de uma cidade, considerando a pessoa limitada como agente da sociedade na qual está inserida, de modo a respeitá-la enquanto pessoa, que, com desejos e anseios, necessita de adequações físicas para agir como cidadã independente e autônoma. Por sua vez, veja que no capítulo III há a descrição da necessidade de adequarem-se também símbolos e desenhos, bem como a localização do mobiliário urbano, como os sinais de tráfego, os semáforos, os postes de iluminação ou quaisquer outros elementos verticais de sinalização que são instalados em itinerário ou espaço de acesso para pedestres, os quais devem ser dispostos de forma a não dificultar ou impedir a circulação, como também deve possibilitar a sua utilização com a máxima comodidade. Ainda nesse mesmo capítulo, defendemos a ideia de que os elementos do mobiliário urbano devem ser projetados e instalados em locais que permitam sua utilização pelas pessoas que deles necessitem. Atente para o fato de que os capítulos IV e V destinam-se a garantir acessibilidade aos edifícios públicos, privados ou de uso coletivo, pois, em âmbito social, todos somos cidadãos com direitos e deveres.

Considerando que a pessoa com deficiência física ou qualquer pessoa com limitação para se locomover precisa de recursos e espaços específicos, o IV capítulo garante lugares reservados nos veículos coletivos. Como exemplo, citamos a cidade de Curitiba, no Estado do Paraná, que apresenta elevadores nos veículos de transporte público e nas "estações tubos" (ponto de ônibus que faz parte da rede integrada de transporte municipal), direcionados às pessoas que deles necessitam, bem como mecanismos sonoros no interior desses veículos, o que atende ao capítulo VII dessa mesma legislação, garantindo a eliminação de barreiras, no caso da comunicação.

Deve ter ficado claro para você que atender a pessoa com limitação – na sua recepção ou na sua expressão no processo de comunicação –, é um desafio do sistema educacional brasileiro. Razão pela qual, para possibilitar a inclusão dessas pessoas, essa lei apresenta alternativas descritas no capítulo VII, em seus arts. 17, 18 e 19, referentes à acessibilidade (nos sistemas de comunicação) e à sinalização. Veja:

> *Art. 17. O Poder Público promoverá a eliminação de barreiras na comunicação e estabelecerá mecanismos e alternativas técnicas que tornem acessíveis os sistemas de comunicação e sinalização às pessoas portadoras de deficiência sensorial e com dificuldade de comunicação, para garantir-lhes o direito de acesso à informação, à comunicação, ao trabalho, à educação, ao transporte, à cultura, ao esporte e ao lazer.*
>
> *Art. 18. O Poder Público implementará a formação de profissionais intérpretes de escrita em braile, linguagem de sinais e de guias-intérpretes, para facilitar qualquer tipo de comunicação direta à pessoa portadora de deficiência sensorial e com dificuldade de comunicação.*

Art. 19. Os serviços de radiodifusão sonora e de sons e imagens adotarão plano de medidas técnicas com o objetivo de permitir o uso da linguagem de sinais ou outra subtitulação, para garantir o direito de acesso à informação às pessoas portadoras de deficiência auditiva, na forma e no prazo previstos em regulamento.
[...]

Essa legislação prevê o fomento da pesquisa e a divulgação eficaz de suas informações para garantirem-se os diferentes aspectos de acessibilidade e de promoção às pessoas com necessidades especiais, favorecendo, de forma direta, o processo de inclusão, por viabilizar a liberdade de ir e vir das pessoas com alguma necessidade especial. Além disso, observe que a legislação garante a inserção das pessoas na sociedade, favorecendo a construção cultural, e esta depende da atuação de equipes multidisciplinares, incluindo, nessa elaboração, a escola, a família, o poder executivo e os diferentes profissionais envolvidos no processo, uma vez que os principais objetivos a serem alcançados efetivam-se por meio dos atendimentos realizados, os quais buscam a promoção da autonomia da pessoa com necessidades especiais.

Em decorrência disso, à obrigatoriedade de diferentes atendimentos e à expectativa de qualidade de vida das pessoas com necessidades especiais associam-se, nos últimos anos, atendimentos específicos com intuito de oferecerem mais independência, no que se refere à escolaridade, à atividade profissional e à vida pessoal – graças à consciência da comunidade como um todo. Portanto, você deve ter percebido que, para estimular e construir a concepção inclusiva, faz-se necessário, no âmbito escolar, divulgar cada vez mais os aspectos legais que favorecem a construção da autonomia e da independência dessas pessoas.

Mas, saiba que o Brasil apresenta outras legislações – subsidiadas pela Constituição Federal de 1988 – que se referem ao apoio e à integração social das pessoas com deficiência, as quais devem ser divulgadas, consultadas e executadas na sociedade para a efetivação do sucesso do processo inclusivo, o qual está construindo paralelamente à história do sistema educacional.

Na sequência, você encontra algumas leis, pareceres e decretos* que podem auxiliar nesse processo de inclusão:

- » Decreto nº 2.208/1997** – regulamenta a educação profissional de alunos com necessidades educacionais especiais;
- » Parecer CNE/CEB nº 16/1999 – estabelece orientações sobre a educação profissional de alunos com necessidades educacionais especiais;
- » Resolução CNE/CEB nº 4/1999 – apresenta resoluções sobre a educação profissional de alunos com necessidades educacionais especiais;
- » Decreto nº 3.298/1999 – regulamenta a Lei nº 7.853/1989, dá condições operacionais e consolida as normas de proteção ao portador de deficiências;
- » Portaria MEC nº 1.679/1999 – estabelece os requisitos de acessibilidade a cursos e as instruções de processos de autorização de cursos e de credenciamento de instituições voltadas à educação especial;
- » Parecer CNE/CEB nº 14/1999 – ordena as Diretrizes Nacionais da Educação Escolar Indígena;

---

*   Todas essas leis, decretos e resoluções citados aqui se encontram na lista de referências, no final desta obra.

**   Esse decreto foi revogado pelo Decreto nº 5.154/2004.

» Resolução CNE/CEB nº 3/1999 – fixa as Diretrizes Nacionais para o Funcionamento de Escolas Indígenas;
» Resolução CNE/CEB nº 2/2001 – institui as Diretrizes e Normas para a Educação Especial na Educação Básica;
» Parecer CNE/CEB nº 17/2001 – instaura as Diretrizes Nacionais para a Educação Especial na Educação Básica;
» Lei nº 10.172/2001 – aprova o Plano Nacional de Educação (PNE) e dá outras providências*;
» Lei Federal nº 10.436/2002 – dispõe sobre a Língua Brasileira de Sinais (Libras);
» Lei Federal nº 10.639/2003 – altera a Lei nº 9.394/1996 (LDBEN), de 20 de dezembro de 1996, para incluir no currículo oficial da rede de ensino a obrigatoriedade da temática "História e Cultura Afro-Brasileira";
» Lei nº 10.845/2004 – o art. 1º desenvolve uma complementação ao Programa de Atendimento Educacional Especializado às Pessoas Portadoras de Deficiência.

Com tantos documentos orientadores ao desenvolvimento integral da pessoa com necessidades especiais, devemos, enquanto sociedade, estar cientes de que a educação é um direito de todos independentes das condições físicas, intelectuais, emocionais, sensoriais ou sociais; sem discriminação, respeitando-se as possibilidades de tais pessoas serem autônomas, independentes e iguais.

Ao longo do tempo, muitos documentos referentes ao processo inclusivo foram elaborados por profissionais da educação,

---

* O PNE estabelece 27 objetivos e metas para a educação de pessoas com necessidades educacionais especiais.

da saúde, da sociedade civil, de instituições privadas e de organizações não governamentais (ONGs) para atender às necessidades oriundas da transformação do contexto social. Foi nesse contexto, perceba você, que surgiram as conferências mundiais e os seus relatórios. Você lembra de alguma? Ou de algum? Os mais conhecidos são: *Declaração de Cuenca* (Unesco, Equador, 1981); *Declaração de Sunderberg* (Torremolinos, Espanha, 1981); *Resoluções da XXIII Conferência Sanitária Pan-americana* (OPS/OMS, Washington, DC, USA 1990); *Seminário* Unesco (Caracas, 1992); *Declaração de Santiago* (Chile, 1993); *Normas Uniformes sobre a Igualdade de Oportunidade para Pessoas com Incapacidades da Assembleia Geral das Nações Unidas* (New York, 1993); *Declaração Mundial de Educação para Todos* (Unicef, Tailândia, 1990) e *Declaração de Salamanca – Princípios, Políticas e Práticas em Educação Especial*: criação e manutenção de sistemas educacionais inclusivos (Salamanca, 1994).

Esperamos que, ao considerarmos a legislação vigente e os documentos internacionais, você tenha percebido que uma estratégia para favorecer o processo inclusivo no meio social existente é a participação ativa dos profissionais da educação nos conselhos municipais e estaduais de saúde, de educação e de serviço social; nos conselhos tutelares e nas comissões de avaliação institucional, bem como na elaboração de conferências públicas municipais e estaduais para que sejam divulgadas essas legislações, de modo a atender igualitariamente a todos os que delas necessitam.

Filmes que recomendamos a você

Filhos do silêncio. Direção: Randa Haines. Produção: Patrick Palmer, Burt Sugarman. EUA: Paramount Pictures, 1986. 119 min.

Nenhum a menos. Direção: Zhang Yimou. Produção: Weiping Zhang e Yu Zhao. China: Beijing Nero Pictures Film Co./Elite Group Entuprises, 2002. 100 min.

O anjo malvado. Direção: Joseph Ruben. Produção: Mary Ann Page e Joseph Ruben. EUA: 20th Century Fox, 1993. 87 min.

Simples como amar. Direção: Garry Marshall. Produção: Mario Iscovich e Alexandra Rose. EUA: Touchstone Pictures, 1999. 129 min.

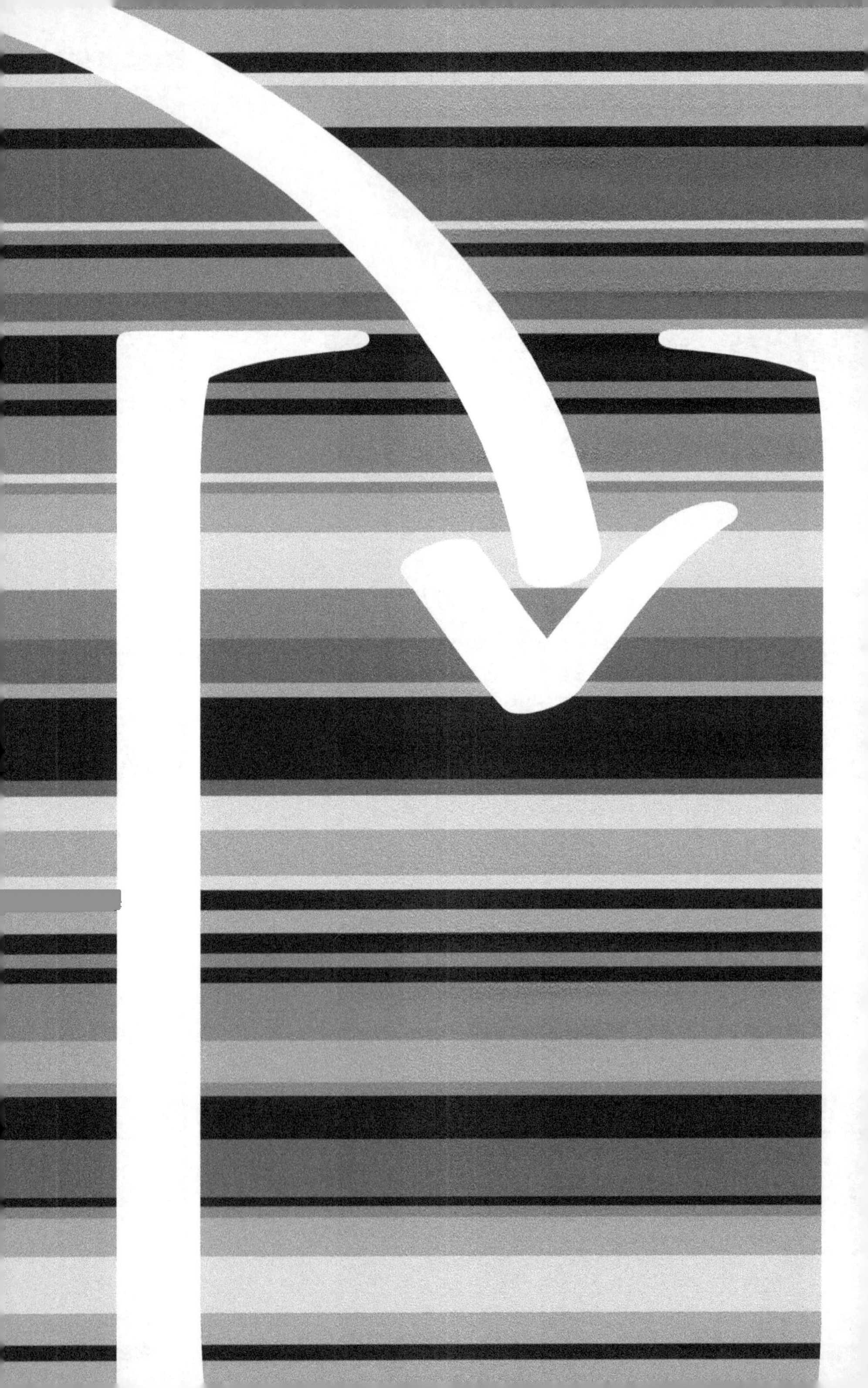

Concepções filosóficas da educação especial

Para iniciarmos as discussões sobre as várias concepções filosóficas que sustentaram o sistema educacional e que direcionaram a educação especial ao longo dos anos, necessitamos realizar uma análise de como, no decorrer da história, a humanidade conceituou a pessoa com necessidades especiais, ou seja, você saberia dizer quais foram as concepções desenvolvidas durante toda história da educação especial?

Se você consultar o livro de Platão, (2008) - O Banquete*, verá registros de sugestões de sacrifício de deficientes, os quais deveriam ser oferecidos aos deuses; em Esparta, eles eram eliminados (pois não serviam para "nada"). No período feudal, os deficientes eram

---

* O Banquete, ou, Do amor é uma obra de Platão que trata sobre esse assunto.

desprezados e alguns utilizados para alegrar a nobreza – eram, por isso, conhecidos como "bobos da corte". Todavia, com o cristianismo, tem início a ideia de fraternidade, e, com ela, o dever implícito de auxílio aos mais fracos. Ou seja, o sacrifício e o abandono são substituídos pela caridade, surgindo então os abrigos, com o objetivo de acolher aos necessitados e prestar assistência e benevolência.

Ao valorizarmos a pessoa com necessidades educativas especiais, tendo como base a legislação vigente, percebemos que há uma má política social subsidiando, hoje, a visão que busca a evolução sobre o conceito de deficiência, de pessoas, como também o da forma de atendimento educacional destinado a essa clientela.

Você deve saber que existem várias instituições que trabalham com a pessoa com necessidades especiais. Nesses locais, desenvolvem-se diferentes concepções, as quais, em suas peculiaridades, refletem a visão de mundo, as crenças e as posturas presentes no sistema educacional em todo o país. Por isso, com o intuito de apresentar as concepções filosóficas, procuramos realizar um breve histórico sobre o andamento das instituições especializadas.

No Brasil, existem aproximadamente duas mil Associações de Pais e Amigos dos Excepcionais (Apaes) e mais de cinco mil instituições especializadas (segundo os dados da Federação Nacional de Apaes) que apresentam as mais variadas realidades educacionais, sociais e políticas e, consequentemente, desenvolvem concepções filosóficas e educacionais que fundamentam o trabalho educativo desenvolvido por essas entidades. Muitas vezes, não há entendimento sobre tais aspectos, sendo que o trabalho ocorre de forma aleatória, sem a percepção de que seu resultado influencia a sociedade; portanto, para que possamos esclarecer e facilitar a identificação dessas correntes, apresentamos as três concepções, identificadas nos diferentes atendimentos especializados existentes no país. Elas são resultado de uma pesquisa realizada pela Federação Nacional das Apaes em parceria com diferentes universidades, no período compreendido entre os anos de 1996 e 1998. Vamos a elas?

a) Concepção assistencialista

Essa concepção apresenta significado bastante forte nas unidades de atendimentos (associações e instituições para atendimento ao excepcional, conforme mencionamos no parágrafo anterior), sendo que se baseia na prestação de assistência, sem apresentar preocupação com o trabalho pedagógico e com a valorização do indivíduo. Percebemos, ainda, que a concepção assistencialista é a postura apresentada no conjunto de situações que compõem todo o sistema educacional, e este, por sua vez, compõe-se de:

» um sistema gerencial;
» um processo educativo;
» uma relacionamento das instituições com a sociedade;
» função do papel das instituições.

Dentro da prática assistencialista, o sistema gerencial segue uma postura simplista, a qual se resume na realização de tarefas, com o objetivo de prestar uma assistência melhor às pessoas que necessitam de soluções e de encaminhamentos diferenciados, levando em conta, nesse processo, os variados tipos de atendimentos especializados existentes, os quais podem ser das áreas de educação, saúde e social, entre outras. Esses encaminhamentos são realizados pela direção da instituição, sem uma participação dos demais membros. Inclusive, não há nenhum critério para a seleção dos profissionais que realizam o trabalho, bem como os setores desenvolvem seus trabalhos de forma individualizada. A família quase não é convidada a participar das atividades da instituição, em uma tentativa de poupá-la do trabalho de realizar tais tarefas, pois o sentimento de pena está presente em todo o processo: desde o atendimento à pessoa com deficiência até o relacionamento com a sua família. Assim, inseridos em tal concepção, o objetivo maior deixa de ser o aspecto educacional e passa a ser a assistência que é oferecida ao aluno, para manter o mínimo de sociabilidade possível – o que não necessita de amparo técnico, pois a preocupação gira em torno de alimentação e vestuário. Ou seja, a concepção não o promove como cidadão, mas realiza ações para a sobrevivência, acabando por estimular o pensamento de incapacidade das pessoas especiais enquanto agentes sociais.

Passemos, então à segunda concepção:
b) Concepção integrativa adaptadora

Por ser de um fato histórico recente (data da década de 1960), a integração sofreu influências dos movimentos que caracterizaram e reconsideraram outras ideias, como escola, sociedade e educação. Nessa mesma década, houve o fortalecimento da luta pelos direitos humanos e pelo reconhecimento do valor humano, sendo que esses fatos da história acabaram por refletir-se nos sistemas educacionais, acrescentando pontos importantes, como a igualdade de valor entre os seres humanos. Veja que, por outro lado, a ignorância tornou o ser humano dependente do sistema e incapacitado de desfrutar de seus direitos, pois a sociedade do período mencionado trouxe a exigência de ritmo de produção e de profissionais qualificados, gerando a competitividade, isso significou para as pessoas com necessidades educativas especiais um obstáculo para o exercício pleno de seus direitos e deveres enquanto cidadãos. Consequentemente, esse fator também se reflete na aprendizagem, pois deixam de agir no sistema social por falta de oportunidade, de conhecimento e, muitas vezes, de incentivo enquanto pessoas com limitações físicas, intelectuais ou sensoriais. Nesse contexto, o Estado adquire a função de valorizar a educação, incentivar a inserção de todos em diferentes programas educacionais e oportunizar o acesso a diferentes informações e a conhecimentos que amenizem a condição de ignorância.

Você, obviamente, sabe que as pessoas com necessidades especiais possuem limitações e evoluem em um ritmo mais lento, não é mesmo? Por isso, deve existir a preocupação no sentido de incentivar e de estimular o desenvolvimento de atividades básicas concernentes à vida do indivíduo, em seus aspectos afetivos, sociais e profissionais, para que possam tornar-se independentes, autônomos e atuantes na sociedade, como cidadãos conscientes. Nesse processo, a família tem a incumbência de ser solidária e ajudar a sensibilizar a sociedade para que esta contribua para o alcance dos objetivos do trabalho educacional feito com as pessoas portadoras de deficiência, para que desenvolvam ao máximo as suas capacidades enquanto indivíduos.

A educação especial, na maioria dos países, segue um padrão semelhante em sua evolução histórica: primeiro, caracteriza-se pela segregação e exclusão, mas, depois, com a transformação cultural no que diz respeito às pessoas com necessidades especiais, passa a valorizá-las, reconhecendo suas capacidades e respeitando as suas limitações, principalmente na aprendizagem. Desse modo, essas pessoas passam a ser vistas com outros olhos, pois surge o entendimento de que elas precisam ser acompanhadas durante todo o tempo, e isso minimiza a rejeição e o medo. No entanto a sociedade continua excludente à medida que se propõe a protegê-las, colocando-as em asilos e abrigos.

Observe que a concepção integradora apresenta uma visão mais técnica do que a concepção assistencialista, que vimos anteriormente, em uma tentativa de corresponder às exigências vigentes relacionadas à qualidade do processo educacional. Os conteúdos trabalhados, constantes nessa concepção, oportunizam alguns direcionamentos para que efetivamente ocorra a transformação da missão, da filosofia e do encaminhamento metodológico das escolas que se encontram no processo de busca para consolidar o esforço coletivo, assegurar a democratização da educação, transformar a realidade, reconhecer as diferenças e, acima de tudo, promover a aprendizagem.

Salientamos que essa concepção é a mais comum no sistema educacional brasileiro, em razão de não ser clara a missão das instituições educacionais no âmbito do ensino especial, pois, para isso, necessitamos de trabalhos sistematizados, consistentes e objetivos em todas as instituições escolares. Visa, tal noção, a um processo de transformação social, tendo como princípio o conhecimento, que deve ser construído com qualidade e estar direcionado ao desenvolvimento das potencialidades dos alunos.

Destacamos que, nesse procedimento, a equipe técnica-pedagógica deve ser responsável e estar preparada para efetivar o processo de ensino-aprendizagem que se dispõe a realizar, de modo a atingir os objetivos propostos e os descritos na concepção filosófica desenvolvida, bem como adotar, como postura de prática educativa o hábito de colocar a pessoa com necessidades especiais em classes comuns sem acompanhamento de profissionais especialistas, ignorando suas necessidades específicas e fazendo com que sigam um processo único de desenvolvimento e aprendizagem. Dessa forma, muitas vezes, extingue-se o tempo de atendimento sem que os objetivos propostos sejam atingidos, isto é, solicitam aos profissionais da educação que atendam com qualidade às pessoas que apresentam necessidades educativas especiais, mas não oferecem formação ou suporte técnico para isso.

Veja que a integração adaptativa, portanto, coloca a pessoa com necessidades especiais no espaço educativo, mas não atende às suas necessidades nem respeita suas limitações. Porquanto, sob a perspectiva desse processo, as pessoas com necessidades especiais devem adaptar-se à sociedade, pois não há nenhum tipo de adequação no mecanismo de acessibilidades educacional, física, social e cultural. O esforço educativo é de inteira responsabilidade da equipe técnica, a qual fará as orientações específicas, objetivando o sucesso no desenvolvimento educacional, profissional e social da pessoa a quem se destina o atendimento.

Vamos, então, à última concepção:

c) Concepção inclusiva transformadora

Ressaltamos que as teorias educacionais, ao longo da história, constituem-se fator de marginalização e exclusão do contingente de crianças em idade escolar, ora por considerar a educação um instrumento de equalização social (superação da marginalidade), ora por entendê-la como sendo um instrumento de discriminação social (fator de marginalização). Percebemos que, assim, as teorias educacionais podem ser classificadas nesses dois grupos, os quais explicam a questão da marginalidade a partir das relações entre educação e sociedade.

Podemos, então, entender que, se para um determinado grupo de teorias educacionais a sociedade é concebida como essencialmente harmoniosa, tendendo à integração de seus membros, a marginalidade, então, revela-se apenas um fenômeno acidental que os afeta. Nesse caso, cabe à educação a função de instrumento de correção dessas distorções, por conseguinte, ela deve garantir a construção de uma sociedade igualitária – promovendo a integração de todos os indivíduos no grupo social.

Contrapondo-se a esse primeiro grupo, temos o que defende teorias educacionais que consideram a sociedade essencialmente marcada pela divisão entre grupos ou classes antagônicas, nos quais os relacionamentos acontecem subordinados à força, aspecto que se manifesta fundamentalmente nas condições de produção da vida material. Veja que, sob esse prisma, a educação não tem a função de reforçar a dominação nem de legitimar a marginalização, e é entendida como inteiramente dependente da estrutura social, que por sua vez é a geradora da marginalidade.

Para que possamos fazer uma análise mais abrangente, agrupamos essas teorias, tendo como parâmetro a criticidade em relação à percepção dos objetivos da educação, sob dois enfoques: teorias não críticas e teorias críticas*. Vamos saber, então, um pouco mais sobre cada uma delas.

---

* Este trecho é da teoria não crítica, pois a teoria crítica possibilita ao aluno a reflexão do contexto e a construção do conhecimento por meio da ação-

As teorias não críticas nascem da necessidade de consolidação da democracia burguesa, portanto, sustentam a pedagogia tradicional, que parte do princípio de que a educação é um direito de todos e dever do Estado, e nutrem a noção de que à escola cabe o papel de converter os "súditos" em cidadãos. Assim, entenda que as teorias não críticas surgem para apoiar os sistemas nacionais de ensino, em que a escola organiza-se como uma agência centrada no professor, o qual recebe a incumbência de transmitir o acervo cultural aos alunos, aos quais cabe assimilar os conhecimentos que lhes são transmitidos.

Você pode observar nessa concepção a procura pela universalização do saber sem levar em conta as diversidades culturais, sociais, epistemológicas e individuais no processo educacional existente. Porquanto, tais teorias apenas explicam os mecanismos de funcionamento da escola tal como está constituída, evidenciando que ela não pode ser diferente do que é, uma vez que ela própria, como instituição, desconhece e mascara seus determinantes materiais, que estão presentes na sociedade capitalista.

Sobre essa situação, cabe-nos uma reflexão, uma vez que a história da educação mostra-nos um profundo descaso com as reais questões educacionais, em que as diferentes teorias educacionais revelam-se comprometidas com os sistemas econômicos vigentes (a cada época), agindo de modo excludente – privilegiando algumas minorias e marginalizando massivamente outras classes. Diante dessa perspectiva, evidenciamos

---

reflexão e da nova ação. Isso não é comtemplado na educação especial, que até determinado momento da história era assistencialista.

um processo constante de exclusão, no qual cada vez mais, para um número maior de crianças, é proibido o acesso à escola, e muitas das que conseguem, são expulsas pelo próprio processo educacional, o qual não tem recursos adequados para garantir o processo de ensino e de aprendizagem para os mais diferentes educandos atendidos nas instituições escolares, impossibilitando, desse modo, um desenvolvimento educativo competente.

Perceba que o grande projeto das elites dirigentes para a escola do povo é a exclusão, pois não há escola para todos, pública e gratuita, dividindo a educação em educação para os pobres e educação para os ricos. Isso fica evidente quando constatamos que o discurso político é de processo de igualdade de oportunidades, mas, na prática, vemos a impossibilidade de acesso e permanência nas escolas, pois é essa a realidade da sociedade brasileira, apresentada nos mais diferentes instrumentos de pesquisa do Ministério da Educação e Cultura (MEC), quando se refere aos dados de evasão e de repetência, bem como ao alto índice de analfabetos existente no país.

Perceba que essa situação de exclusão e segregação é agravada quando se trata da educação especial ou da pessoa com necessidades especiais, pois o sistema educacional mostra-se incoerente e descomprometido com as causas das pessoas com alguma limitação, não havendo possibilidades de compreensão, entendimento e autodeterminismo diante da condição de excluído socialmente. Portanto, veja que se faz necessária uma reflexão sobre a terminalidade do ensino proporcionado pelas escolas especiais, as quais desenvolvem um trabalho de escolaridade e, ao mesmo tempo, precisam encaminhar seus alunos (os quais permanecem por muitos anos em escolas especiais, sem que haja expectativa de independência e autonomia) para programas como a Educação de Jovens e Adultos (EJA) ou os supletivos, a fim de que possam receber um certificado de conclusão de seu nível de ensino. Como você sabe, esse processo é lento, logo, há necessidade de uma mudança de paradigma e de concepção, pois acreditamos que, caso isso seja revertido, muitas escolas especiais deixarão a concepção assistencialista e passarão a uma concepção inclusiva transformadora, objetivando o desenvolvimento pleno de seus alunos.

Destacamos que as pessoas com necessidades especiais são vistas como entraves aos interesses dominantes na ideologia educacional vigente no país, e a superação desse quadro demanda enormes esforços coletivos que, talvez, nem mesmo a própria classe educativa especial esteja disposta a defender, seja por não se entender como excluído, seja por não se compreender nem valorizar as conquistas de grupo.

Assim, a ideia de inclusão social surge de um movimento de educação para todos (índios, negros, deficientes e marginalizados, entre outros), em que a pessoa passa a ser vista como ser humano dotado de sentimentos e emoções, bem como com direitos assegurados e sendo sujeito de seu processo, com potencialidades e habilidades que lhe permitem a independência. Acreditando nesses pressupostos, defendemos a concepção inclusiva transformadora, em que a família e a sociedade devem estar diretamente ligadas no processo de valorização da pessoa, conforme preveem a Constituição Federal de 1988 e as leis apresentadas no capítulo 3 deste livro, uma vez que é por meio do processo educacional que podemos promover o crescimento humano e desenvolvermos as capacidades, as habilidades e os diferentes recursos pessoais; assim, possibilitando aos indivíduos a conquista de independência e de autorrealização. No entanto, a concepção inclusiva transformadora não se faz sozinha, bem como não tem sua efetivação isoladamente, pois, para garantir o processo inclusivo, necessitamos de três aspectos fundamentais: vontade e consciência política, profissionais qualificados e envolvimento da sociedade civil.

Para viabilizar essa concepção de inclusão, necessitamos ter clareza sobre, como trabalhar alguns aspectos, entre os quais podemos incluir, por exemplo, o atendimento educacional à pessoa com necessidades especiais, levando em conta fatores como a tentativa de proximidade de sua residência, além da possibilidade de proporcionar e ampliar o acesso e a permanência desses alunos nas classes comuns; de auxiliar tecnicamente professores envolvidos com esse aluno; de conscientizar os demais alunos da importância do aprendizado em conjunto, mesmo que tenham objetivos diferentes; de estimular a criatividade da comunidade escolar para atender às necessidades específicas da pessoa especial e de envolvê-la no processo educativo e não apenas colocá-la no espaço escolar.

Filmes que recomendamos a você

A cor do paraíso. Direção: Majid Majidi. Produção: Mehdi Karimi. Irã: Europa Films, 1999. 90 min.

Enigma das cartas. Direção: Michael Lessac. Produção: Wolfgang Glattes, Lianne Halfon e Dale Pollock. EUA: Penta Pictures/A&M Films, 1993. 109 min.

Forrest Gump: o contador de histórias. Direção: Robert Zemeckis. Produção: Wendy Finerman, Steve Starkey e Steve Tisch. EUA: Paramount Pictures, 1994. 141 min.

Meu nome é rádio. Diretor: Michael Tollin. Produção: Herb Gains, Brian Robbins e Michael Tollin. EUA: Revolution Studios/Radio Produtions/Tollin Robbins Productions, 2003. 109 min.

5

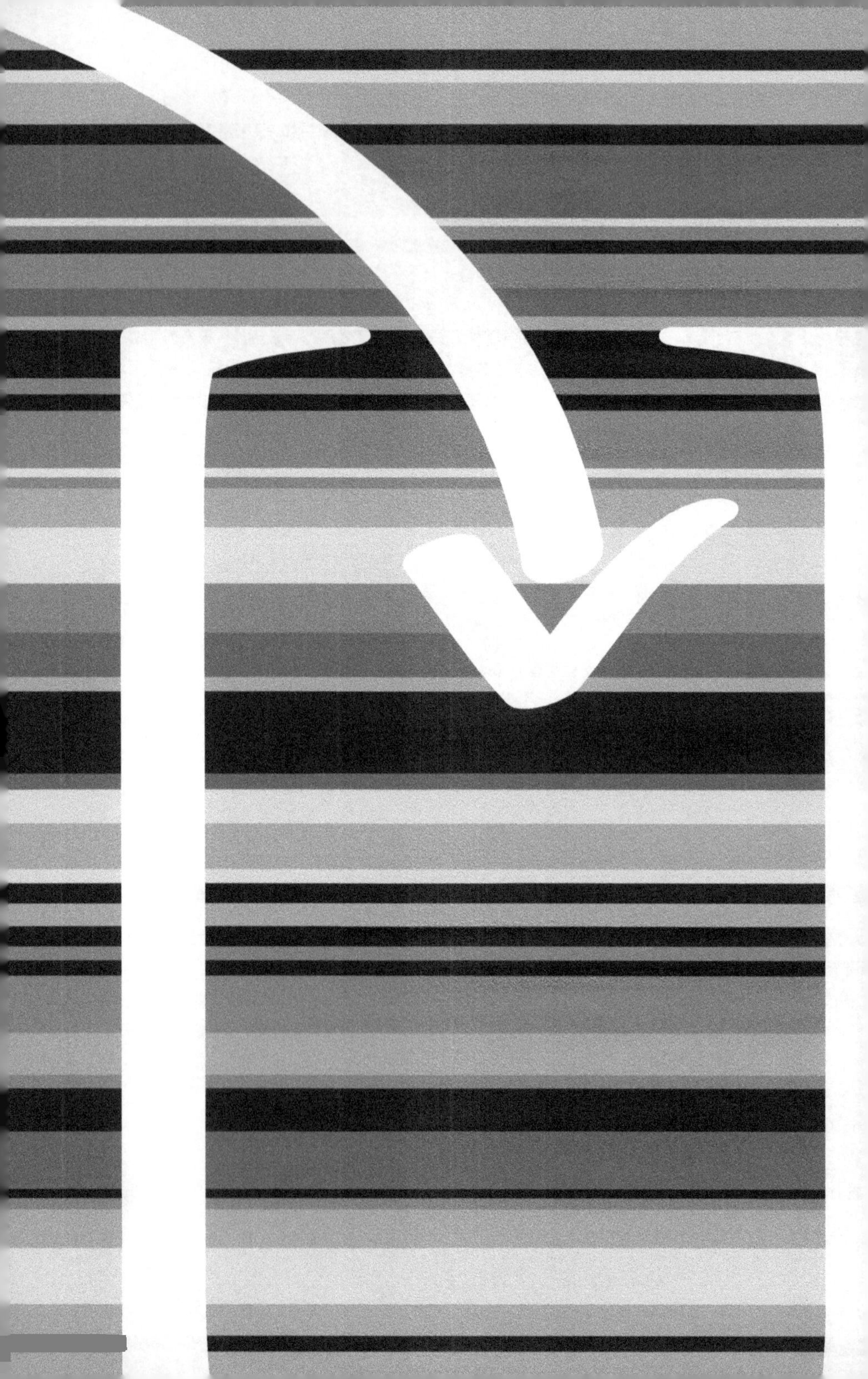

Diretrizes nacionais para educação especial na educação básica

Podemos afirmar que, como modalidade, a educação especial é caracterizada por um conjunto de recursos, atividades, serviços específicos e organizados, os quais têm por função apoiar, orientar ou substituir, caso seja necessário, os serviços comuns de educação escolar formal, garantindo a qualidade do processo de aprendizagem da clientela com necessidades educativas especiais.

Temos como objetivo, neste capítulo, discutir a Resolução nº 2, de setembro de 2001*, que é subsidiada pela LDBEN nº 9.394/1996 e

---

* Para ver a Resolução nº 2/2001 na íntegra, acesse o *site:* <http://www.pedagogiaemfoco.pro.br/lress2_01.htm>.

fundamentada no Parecer nº 17/2001, do CNE. Essa resolução define os encaminhamentos que a educação básica deve seguir para garantir que a educação especial, enquanto modalidade de ensino, favoreça o processo de aprendizagem dos alunos que necessitam desse recurso no sistema educacional atual. Conforme você pode ver no artigo a seguir:

> *Art. 1º. A presente Resolução institui as Diretrizes Nacionais para a educação de alunos que apresentem necessidades educacionais especiais, na Educação Básica, em todas as suas etapas e modalidades.*
>
> *Parágrafo único. O atendimento escolar desses alunos terá início na educação infantil, nas creches e pré-escolas, assegurando-lhes os serviços de educação especial sempre que se evidencie, mediante avaliação e interação com a família e a comunidade, a necessidade de atendimento educacional especializado.*
>
> *[...]*

Observe que esse primeiro artigo reforça a LDBEN e pontua a necessidade de respeitar o indivíduo em suas características, garantindo sua formação desde a primeira etapa da educação formal oferecida pelo Estado, além de assegurar a orientação familiar no que se refere ao desenvolvimento pleno do aluno em seu processo de escolaridade. Veja o artigo a seguir:

> *Art. 2º. Os sistemas de ensino devem matricular todos os alunos, cabendo às escolas organizar-se para o atendimento aos educandos com necessidades educacionais especiais, assegurando as condições necessárias para uma educação de qualidade para todos.*
>
> *Parágrafo único. Os sistemas de ensino devem conhecer a demanda real de atendimento a alunos com necessidades educacionais especiais, mediante a criação de sistemas de informação e o estabelecimento de interface com os órgãos governamentais responsáveis pelo Censo*

Escolar e pelo Censo Demográfico, para atender a todas as variáveis implícitas à qualidade do processo formativo desses alunos.
[...]

Atente para o fato de que, para atendermos adequadamente a esse artigo, faz-se necessário conhecermos a realidade da comunidade onde o educando está inserido, pois o processo de inclusão depende das relações sociais existentes. No entanto, para atender à realidade social, há a necessidade da atuação do poder legislativo na realização de diferentes pesquisas, com o apoio técnico de faculdades e universidades, as quais podem e devem auxiliar nesse levantamento, de modo a cumprir com as suas responsabilidades sociais e constituírem-se em auxiliares dos governos municipal, estadual e, em alguns casos, federal, no intuito de atender com qualidade aos alunos que necessitam de tal modalidade de ensino: a educação especial. Conforme você pode verificar no artigo a seguir:

Art. 3º. Por educação especial, modalidade da educação escolar, entende-se um processo educacional definido por uma proposta pedagógica que assegure recursos e serviços educacionais especiais, organizados institucionalmente para apoiar, complementar, suplementar e, em alguns casos, substituir os serviços educacionais comuns, de modo a garantir a educação escolar e promover o desenvolvimento das potencialidades dos educandos que apresentam necessidades educacionais especiais, em todas as etapas e modalidades da educação básica.
Parágrafo único. Os sistemas de ensino devem constituir e fazer funcionar um setor responsável pela educação especial, dotado de recursos humanos, materiais e financeiros que viabilizem e dêem sustentação ao processo de construção da educação inclusiva.
[...]

Nesse artigo, você encontra a definição do papel da educação especial, além disso, ele reforça o entendimento da necessidade de qualificar os profissionais da educação e os espaços educativos para, com essa estrutura, promover de fato a educação inclusiva, oferecendo atendimento adequado às pessoas com necessidades especiais. Leia agora o artigo a seguir:

Art. 4º. Como modalidade da Educação Básica, a educação especial considerará as situações singulares, os perfis dos estudantes, as características biopsicossociais dos alunos e suas faixas etárias e se pautará em princípios éticos, políticos e estéticos de modo a assegurar:
I – a dignidade humana e a observância do direito de cada aluno de realizar seus projetos de estudo, de trabalho e de inserção na vida social;
II – a busca da identidade própria de cada educando, o reconhecimento e a valorização das suas diferenças e potencialidades, bem como de suas necessidades educacionais especiais no processo de ensino e aprendizagem, como base para a constituição e ampliação de valores, atitudes, conhecimentos, habilidades e competências;
III – o desenvolvimento para o exercício da cidadania, da capacidade de participação social, política e econômica e sua ampliação, mediante o cumprimento de seus deveres e o usufruto de seus direitos.
[...]

Esse artigo contempla a legislação da educação básica e constitui-se em um princípio que devemos valorizar para o sucesso do processo de inclusão dos alunos da modalidade de ensino correspondente à educação especial no processo de ensino e aprendizagem. Nesse item, a Lei da Corde (conforme capítulo 3) faz-se presente no que se refere ao direito de igualdade nos atendimentos existentes. Sendo assim, necessitamos conhecer os objetivos a serem alcançados pela educação básica para trabalharmos, no processo de escolaridade, com coerência e objetividade no que diz respeito às pessoas com necessidades educativas especiais, tornado-as cidadãs atuantes na sociedade. Observe atentamente o artigo a seguir:

> Art. 5º. *Consideram-se educandos com necessidades educacionais especiais os que, durante o processo educacional, apresentarem:*
>
> *I – dificuldades acentuadas de aprendizagem ou limitações no processo de desenvolvimento que dificultem o acompanhamento das atividades curriculares, compreendidas em dois grupos:*
>
> *a) aquelas não vinculadas a uma causa orgânica específica;*
>
> *b) aquelas relacionadas a condições, disfunções, limitações ou deficiências;*
>
> *II – dificuldades de comunicação e sinalização diferenciadas dos demais alunos, demandando a utilização de linguagens e códigos aplicáveis;*
>
> *III – altas habilidades/superdotação, grande facilidade de aprendizagem que os leve a dominar rapidamente conceitos, procedimentos e atitudes.*
>
> *[...]*

Esse artigo estabelece quem deve receber atendimento especial em uma proposta pedagógica direcionada pelo respeito às diferenças e à condição do indivíduo como ser único. Mas, caso ainda permaneçam dúvidas sobre a quem a modalidade de educação especial deve atender, saiba que, a Organização Mundial de Saúde (OMS) pode (e deve) ser consultada, pois define parâmetros e características, além de conceituar quem é a pessoa com necessidades educativas especiais, sendo que, nesse sentido, há também a Lei da Corde e a própria LDBEN. Conforme você pode verificar no artigo a seguir:

Art. 6º. Para a identificação das necessidades educacionais especiais dos alunos e a tomada de decisões quanto ao atendimento necessário, a escola deve realizar, com assessoramento técnico, avaliação do aluno no processo de ensino e aprendizagem, contando, para tal, com:
I – a experiência de seu corpo docente, seus diretores, coordenadores, orientadores e supervisores educacionais;
II – o setor responsável pela educação especial do respectivo sistema;
III – a colaboração da família e a cooperação dos serviços de Saúde, Assistência Social, Trabalho, Justiça e Esporte, bem como do Ministério Público, quando necessário.
[...]

Ao receber uma pessoa com necessidades especiais para algum tipo de atendimento específico (ou encaminhá-la), precisamos considerar a sua história de vida (desde o início do processo de aprendizagem), os tipos de intervenções realizadas e os pareceres clínicos. Nesse sentido, a avaliação deve ser rápida e consistente, para viabilizar o atendimento da pessoa em questão. Logo, é importante que seja feita por uma equipe interdisciplinar, para que tenhamos certeza de qual é o melhor encaminhamento para esse aluno ou aluna especial. Isso auxilia a extinção de diagnósticos incorretos, os quais podem fazer com que se perca a oportunidade de desenvolvimento do trabalho concernente ao período escolar desse indivíduo com necessidades especiais. Outro fator agravante nesse processo é a má formação dos profissionais que atuam ligados a essa clientela, os quais podem colocar em risco o desenvolvimento do educando, bem como da sua vida pessoal e profissional. Conforme o art. 7º: "O atendimento aos alunos com necessidades educacionais especiais deve ser realizado em classes comuns do ensino regular, em qualquer etapa ou modalidade da Educação Básica".

Esse artigo não deixa dúvidas quanto ao fato de que há obrigatoriedade, por parte das escolas, de oferecer atendimento escolar para os alunos com necessidades especiais na educação básica, principalmente no caso de instituições privadas que, muitas vezes, por não terem condições reais ou, mesmo, interesses em investir nessa modalidade de ensino, deixam de prestar atendimento a essas pessoas. Observe agora um trecho da Resolução CNE/CEB nº 2/2001:

Art. 8º. As escolas da rede regular de ensino devem prever e prover na organização de suas classes comuns:

I – professores das classes comuns e da educação especial capacitados e especializados, respectivamente, para o atendimento às necessidades educacionais dos alunos;

II – distribuição dos alunos com necessidades educacionais especiais pelas várias classes do ano escolar em que forem classificados, de modo que essas classes comuns se beneficiem das diferenças e ampliem positivamente as experiências de todos os alunos, dentro do princípio de educar para a diversidade;

III – flexibilizações e adaptações curriculares que considerem o significado prático e instrumental dos conteúdos básicos, metodologias de ensino e recursos didáticos diferenciados e processos de avaliação adequados ao desenvolvimento dos alunos que apresentam necessidades educacionais especiais, em consonância com o projeto pedagógico da escola, respeitada a frequência obrigatória;

IV – serviços de apoio pedagógico especializado, realizado, nas classes comuns, mediante:

   a) atuação colaborativa de professor especializado em educação especial;

   b) atuação de professores-intérpretes das linguagens e códigos aplicáveis;

c) *atuação de professores e outros profissionais itinerantes intra e interinstitucionalmente;*

d) *disponibilização de outros apoios necessários à aprendizagem, à locomoção e à comunicação.*

V – *serviços de apoio pedagógico especializado em salas de recursos, nas quais o professor especializado em educação especial realize a complementação ou suplementação curricular, utilizando procedimentos, equipamentos e materiais específicos;*

VI – *condições para reflexão e elaboração teórica da educação inclusiva, com protagonismo dos professores, articulando experiência e conhecimento com as necessidades/possibilidades surgidas na relação pedagógica, inclusive por meio de colaboração com instituições de ensino superior e de pesquisa;*

VII – *sustentabilidade do processo inclusivo, mediante aprendizagem cooperativa em sala de aula, trabalho de equipe na escola e constituição de redes de apoio, com a participação da família no processo educativo, bem como de outros agentes e recursos da comunidade;*

VIII – *temporalidade flexível do ano letivo, para atender às necessidades educacionais especiais de alunos com deficiência mental ou com graves deficiências múltiplas, de forma que possam concluir em tempo maior o currículo previsto para a série/etapa escolar, principalmente nos anos finais do ensino fundamental, conforme estabelecido por normas dos sistemas de ensino, procurando-se evitar grande defasagem idade/série;*

IX – *atividades que favoreçam, ao aluno que apresente altas habilidades/superdotação, o aprofundamento e enriquecimento de aspectos curriculares, mediante desafios suplementares nas classes comuns, em sala de recursos ou em outros espaços definidos pelos sistemas de ensino, inclusive para conclusão, em menor tempo, da série ou etapa escolar, nos termos do Artigo 24, V, "c", da Lei 9.394/96.*

Veja que os encaminhamentos, previstos na resolução, serão efetivados quando a equipe de profissionais for adequadamente qualificada e atuar em uma estrutura física que atenda às reais necessidades, bem como tenha materiais pedagógicos de qualidade, de modo a favorecer o processo de ensino e aprendizagem da clientela especial. Você deve saber que, na prática, embora isso seja uma obrigatoriedade descrita na LDBEN, está longe da realidade educacional brasileira, porquanto, falta o básico: salas de aulas com condições mínimas.

No entanto, realizar a meta de atender aos alunos com todos os recursos necessários é indispensável. Nesse contexto, encontramos um exemplo interessante para o sucesso do processo inclusivo, nos núcleos de ensino da cidade de Curitiba – são os Centros de Avaliação (mantidos pela Secretaria Municipal de Educação), onde a descentralização do serviço especializado possibilita agilidade no processo de avaliação e no encaminhamento do educando. Mas, contrastando com esse fato, sabemos que existem escolas que ainda não desenvolvem um trabalho educacional de qualidade no quesito "pessoas com necessidades especiais", seja por medo do desconhecido ou por falta de interesse, seja por desconhecimento de patologias e ou metodologias e, desse modo, acabam por convencer a família a reenviar o aluno para um serviço especializado.

Logo, devemos divulgar a legislação e lutar para que o Estado priorize o ensino de qualidade, garantindo a todos os recursos necessários para o sucesso do processo de inclusão, pois isso significa o sucesso do nosso aluno na sociedade. Sobre isso, veja o que diz o art. 9º da Resolução CNE/CEB nº 2/2001:

> *Art. 9º. As escolas podem criar, extraordinariamente, classes especiais, cuja organização fundamente-se no Capítulo II da LDBEN, nas*

diretrizes curriculares nacionais para a Educação Básica, bem como nos referenciais e parâmetros curriculares nacionais, para atendimento, em caráter transitório, a alunos que apresentem dificuldades acentuadas de aprendizagem ou condições de comunicação e sinalização diferenciadas dos demais alunos e demandem ajudas e apoios intensos e contínuos.

§ 1º Nas classes especiais, o professor deve desenvolver o currículo, mediante adaptações, e, quando necessário, atividades da vida autônoma e social no turno inverso.

§ 2º A partir do desenvolvimento apresentado pelo aluno e das condições para o atendimento inclusivo, a equipe pedagógica da escola e a família devem decidir conjuntamente, com base em avaliação pedagógica, quanto ao seu retorno à classe comum.

Art. 10 – Os alunos que apresentem necessidades educacionais especiais e requeiram atenção individualizada nas atividades da vida autônoma e social, recursos, ajudas e apoios intensos e contínuos, bem como adaptações curriculares tão significativas que a escola comum não consiga prover, podem ser atendidos, em caráter extraordinário, em escolas especiais, públicas ou privadas, atendimento esse complementado, sempre que necessário e de maneira articulada, por serviços das áreas de Saúde, Trabalho e Assistência Social.

§ 1º As escolas especiais, públicas e privadas, devem cumprir as exigências legais similares às de qualquer escola quanto ao seu processo de credenciamento e autorização de funcionamento de cursos e posterior reconhecimento.

§ 2º Nas escolas especiais, os currículos devem ajustar-se às condições do educando e ao disposto no Capítulo II da LDBEN.

§ 3º A partir do desenvolvimento apresentado pelo aluno, à equipe pedagógica da escola especial e a família devem decidir conjuntamente

quanto à transferência do aluno para escola da rede regular de ensino, com base em avaliação pedagógica e na indicação, por parte do setor responsável pela educação especial do sistema de ensino, de escolas regulares em condição de realizar seu atendimento educacional.

[...]

Destacamos que é grande a responsabilidade do ensino superior em relação ao sucesso do processo inclusivo, pois resulta do trabalho dessa instituição a formação de profissionais qualificados e capacitados para realizar intervenções e avaliações eficazes, garantindo o melhor encaminhamento educacional às pessoas com necessidades especiais. Observe que as parcerias e as trocas de experiências entre diferentes profissionais auxiliam e possibilitam a ampliação da compreensão da realidade social e escolar, bem como do indivíduo especial, garantindo os encaminhamentos e as orientações às famílias e aos diferentes profissionais para que haja o atendimento escolar adequado a cada caso. Isso é necessário para respeitar o indivíduo enquanto ser único, dotado de sentimentos, anseios e desejos. Leia o art. 11º, a seguir:

Art. 11 – Recomenda-se às escolas e aos sistemas de ensino a constituição de parcerias com instituições de ensino superior para a realização de pesquisas e estudos de caso relativos ao processo de ensino e aprendizagem de alunos com necessidades educacionais especiais, visando ao aperfeiçoamento desse processo educativo.

[...]

Você deve entender, nesse ponto que essas parcerias a que se refere esse artigo auxiliam no processo de pesquisa, na formação continuada dos profissionais que atuam com a clientela especial e, ao mesmo tempo, na construção de diferentes saberes que ajudam o progresso da ciência da educação de uma forma geral. Da mesma Resolução, veja o artigo a seguir:

> *Art. 12. Os sistemas de ensino, nos termos da Lei 10.098/2000 e da Lei 10.172/2001, devem assegurar a acessibilidade aos alunos que apresentem necessidades educacionais especiais, mediante a eliminação de barreiras arquitetônicas urbanísticas, na edificação – incluindo instalações, equipamentos e mobiliário – e nos transportes escolares, bem como de barreiras nas comunicações, provendo as escolas dos recursos humanos e materiais necessários.*
>
> *§ 1º Para atender aos padrões mínimos estabelecidos com respeito à acessibilidade, deve ser realizada a adaptação das escolas existentes e condicionada a autorização de construção e funcionamento de novas escolas ao preenchimento dos requisitos de infra-estrutura definidos.*
>
> *§ 2º Deve ser assegurada, no processo educativo de alunos que apresentam dificuldades de comunicação e sinalização diferenciadas dos demais educandos, a acessibilidade aos conteúdos curriculares, mediante a utilização de linguagens e códigos aplicáveis, como o sistema Braille e a língua de sinais, sem prejuízo do aprendizado da língua portuguesa, facultando-lhes e às suas famílias a opção pela abordagem pedagógica que julgarem adequada, ouvidos os profissionais especializados em cada caso.*
>
> *[...]*

Para que se cumpra o que prevê a legislação vigente, é indispensável que seja feita a distribuição dos recursos financeiros pela união, pelo estado ou pelo município, para garantir uma infraestrutura que atenda às exigências da limitação da pessoa com necessidades especiais no processo de escolarização. Essa garantia é assegurada por legislações específicas, as quais devem ser de conhecimento dos gestores das escolas, a fim de que possam buscar financiamentos para atender, com qualidade, ao cliente escolar. A instituição escolar deve atender aos requisitos básicos na distribuição das verbas, referidas em leis municipais, estaduais e de conselhos municipais, entre outros. Veja o que o art. 13 diz:

> *Art. 13. Os sistemas de ensino, mediante ação integrada com os sistemas de saúde, devem organizar o atendimento educacional especializado a alunos impossibilitados de frequentar as aulas em razão de tratamento de saúde que implique internação hospitalar, atendimento ambulatorial ou permanência prolongada em domicílio.*
>
> *§ 1º As classes hospitalares e o atendimento em ambiente domiciliar devem dar continuidade ao processo de desenvolvimento e ao processo de aprendizagem de alunos matriculados em escolas da Educação Básica, contribuindo para seu retorno e reintegração ao grupo escolar, e desenvolver currículo flexibilizado com crianças, jovens e adultos não matriculados no sistema educacional local, facilitando seu posterior acesso à escola regular.*
>
> *§ 2º Nos casos de que trata este Artigo, a certificação de frequência deve ser realizada com base no relatório elaborado pelo professor especializado que atende o aluno.*
>
> *[...]*

Observe que esse artigo levanta a discussão sobre a pedagogia hospitalar, muitas vezes questionada por diferentes profissionais que acreditam que a pedagogia não faz parte do desenvolvimento global do educando (paciente) e deixando, em inúmeras ocasiões, a questão escolar fora dos diversos atendimentos necessários para a inclusão do aluno no meio em que está inserido. No entanto, com a proposta de inclusão e de atendimento educacional para todos, torna-se forçoso incluir, como espaço educacional, os mais diferentes ambientes a que a escolaridade possa atingir, para, desse modo, exercer a garantia de tal direito. Veja o que nos traz o artigo a seguir:

> *Art. 14. Os sistemas públicos de ensino serão responsáveis pela identificação, análise, avaliação da qualidade e da idoneidade, bem como pelo credenciamento de escolas ou serviços, públicos ou privados, com os quais estabelecerão convênios ou parcerias para garantir o atendimento às necessidades educacionais especiais de seus alunos, observados os princípios da educação inclusiva.*
>
> *[...]*

Para efetivar esse artigo, devemos adotar uma política de distribuição de recursos financeiros, materiais e físicos para que os diferentes atendimentos possam ser desenvolvidos com eficiência. Logo, para viabilizar tais procedimentos, há a necessidade de parcerias entre as instituições de ensino e as secretarias, os órgãos e os conselhos federais, estaduais e municipais. Conforme o artigo a seguir:

> *Art. 15. A organização e a operacionalização dos currículos escolares são de competência e responsabilidade dos estabelecimentos de ensino, devendo constar de seus projetos pedagógicos as disposições necessárias para o atendimento às necessidades educacionais especiais de alunos, respeitadas, além das diretrizes curriculares nacionais de todas as etapas e modalidades da Educação Básica, as normas dos respectivos sistemas de ensino.*
>
> *[...]*

A elaboração de proposta pedagógica da instituição de ensino, bem como a sua efetivação, é de responsabilidade da comunidade escolar, que conta com professores, pedagogos, pais e alunos, entre outros membros. Essa construção deve originar-se nas necessidades reais de uma comunidade escolar, logo, deve ser coletiva e iniciar-se pelo conhecimento da clientela, no que se refere aos seus desejos e aos seus anseios, pois essa construção só funcionará caso atenda às expectativas sociais, culturais e filosóficas da instituição e, consequentemente, a inclusão se efetive. Conforme você pode observar nas definições do artigo a seguir:

> Art. 16. *É facultado às instituições de ensino, esgotadas as possibilidades pontuadas nos Artigos 24 e 26 da LDBEN, viabilizar ao aluno com grave deficiência mental ou múltipla, que não apresentar resultados de escolarização previstos no Inciso I do Artigo 32 da mesma Lei, terminalidade específica do ensino fundamental, por meio da certificação de conclusão de escolaridade, com histórico escolar que apresente, de forma descritiva, as competências desenvolvidas pelo educando, bem como o encaminhamento devido para a educação de jovens e adultos e para a educação profissional.*
>
> *[...]*

Veja que esse artigo abre uma possibilidade para as escolas especiais resolverem questões relacionadas com a terminalidade, pois muitos alunos passam sua vida em uma instituição especializada sem conseguir um encaminhamento profissional que lhes garanta autonomia e independência, em razão de não haver clareza sobre seu nível de escolaridade. Observe que o artigo apresenta uma forma de incluir a pessoa com necessidade especial no mundo letrado, considerando sua limitação, mas buscando garantir sua potencialidade e sua inserção em seu contexto social. Lembramos que cada educando apresenta um potencial, e este deve ser objeto de trabalho nas escolas; portanto, deve ser direcionado como recurso de aprendizagem, bem como de realização pessoal e profissional. Por exemplo, se o aluno apresenta criatividade ou agitação motora, não adianta colocá-lo em um trabalho mecânico repetitivo ou que lhe exija permanência em um mesmo local; é imprescindível criar opções de atividades que aproveitem de forma útil sua agitação ou criatividade. Repare que, nesse tipo de situação, a formação adequada dos professores, aliada ao conhecimento das necessidades dos alunos, torna-se fator fundamental para viabilizar o processo de maneira satisfatória. Conforme você pode observar no artigo a seguir:

Art. 17. Em consonância com os princípios da educação inclusiva, as escolas das redes regulares de educação profissional, públicas e privadas, devem atender alunos que apresentem necessidades educacionais especiais, mediante a promoção das condições de acessibilidade, a capacitação de recursos humanos, a flexibilização e adaptação do currículo e o encaminhamento para o trabalho, contando, para tal, com a colaboração do setor responsável pela educação especial do respectivo sistema de ensino.

§ 1º As escolas de educação profissional podem realizar parcerias com escolas especiais, públicas ou privadas, tanto para construir competências necessárias à inclusão de alunos em seus cursos quanto para prestar assistência técnica e convalidar cursos profissionalizantes realizados por essas escolas especiais.

§ 2º As escolas das redes de educação profissional podem avaliar e certificar competências laborais de pessoas com necessidades especiais não matriculadas em seus cursos, encaminhando-as, a partir desses procedimentos, para o mundo do trabalho.

[...]

Ressaltamos que as parcerias que ocorrem entre instituições que oferecem educação profissional e escolas especializadas favorecem a inclusão das pessoas com necessidades especiais, pois, nesse tipo de procedimento, elas passam a receber atendimento educacional e profissional nas chamadas *oficinas pedagógicas*, existentes nas instituições de ensino especial. Veja que, ao garantir essa certificação, o educando torna-se um profissional da área, abrindo a possibilidade de buscar uma vaga no mercado de trabalho como um cidadão capacitado. Consequentemente, o processo inclusivo, por meio do trabalho, efetiva-se, promovendo a independência e a autonomia das pessoas com necessidades especiais. Para entender melhor tudo isso, leia atentamente o artigo a seguir:

> *Art. 18. Cabe aos sistemas de ensino estabelecer normas para o funcionamento de suas escolas, a fim de que essas tenham as suficientes condições para elaborar seu projeto pedagógico e possam contar com professores capacitados e especializados, conforme previsto no Artigo 59 da LDBEN e com base nas Diretrizes Curriculares Nacionais para a Formação de Docentes da Educação Infantil e dos Anos Iniciais do Ensino Fundamental, em nível médio, na modalidade Normal, e nas Diretrizes Curriculares Nacionais para a Formação de Professores da Educação Básica, em nível superior, curso de licenciatura de graduação plena.*
>
> *§ 1º São considerados professores capacitados para atuar em classes comuns com alunos que apresentam necessidades educacionais especiais, aqueles que comprovem que, em sua formação, de nível médio ou superior, foram incluídos conteúdos sobre educação especial adequados ao desenvolvimento de competências e valores para:*
>
> *I – perceber as necessidades educacionais especiais dos alunos e valorizar a educação inclusiva;*

II – flexibilizar a ação pedagógica nas diferentes áreas de conhecimento de modo adequado às necessidades especiais de aprendizagem;
III – avaliar continuamente a eficácia do processo educativo para o atendimento de necessidades educacionais especiais;
IV – atuar em equipe, inclusive com professores especializados em educação especial.

§ 2º São considerados professores especializados em educação especial aqueles que desenvolveram competências para identificar as necessidades educacionais especiais para definir, implementar, liderar e apoiar a implementação de estratégias de flexibilização, adaptação curricular, procedimentos didáticos pedagógicos e práticas alternativas, adequadas ao atendimento das mesmas, bem como trabalhar em equipe, assistindo o professor de classe comum nas práticas que são necessárias para promover a inclusão dos alunos com necessidades educacionais especiais.

§ 3º Os professores especializados em educação especial deverão comprovar:

I – formação em cursos de licenciatura em educação especial ou em uma de suas áreas, preferencialmente de modo concomitante e associado à licenciatura para educação infantil ou para os anos iniciais do ensino fundamental;

II – complementação de estudos ou pós-graduação em áreas específicas da educação especial, posterior à licenciatura nas diferentes áreas de conhecimento, para atuação nos anos finais do ensino fundamental e no ensino médio.

§ 4º Aos professores que já estão exercendo o magistério devem ser oferecidas oportunidades de formação continuada, inclusive em nível de especialização, pelas instâncias educacionais da União, dos Estados, do Distrito Federal e dos Municípios.

[...]

Você, agora, pode concluir que a formação de professores pelo sistema educacional, no que se refere a conteúdos para o atendimento de pessoas com necessidades especiais, configura-se imprescindível, para que, com essa fundamentação, esses profissionais da educação atinjam as realidades existentes nas diferentes instituições escolares. Portanto, ao considerar a formação continuada como obrigatória, o sistema de ensino está garantindo a construção de diferentes saberes que são necessários para a atuação no atendimento de pessoas com necessidades especiais. Consideramos a atualização dos profissionais uma necessidade social, pois o conhecimento transforma-se constantemente, bem como as relações culturais, logo, a formação continuada auxilia na reelaboração da proposta pedagógica da instituição, priorizando as necessidades da comunidade escolar atendida. Conforme o artigo a seguir: "Art. 19 – As diretrizes curriculares nacionais de todas as etapas e modalidades da Educação Básica estendem-se para a educação especial, assim como estas Diretrizes Nacionais para a Educação Especial estendem-se para todas as etapas e modalidades da Educação Básica."

Consideramos, pelo que consta nesse documento, que a sua divulgação deve ser feita para todas as instâncias educacionais, de modo a garantir um processo educacional de qualidade para a pessoa com necessidades especiais, auxiliando os profissionais a encaminhar o processo escolar, diante de uma concepção de educação para todos e que possibilite o processo de ensino e aprendizagem de forma qualitativa. Veja o que diz o artigo a seguir: "Art. 20 – No processo de implantação destas Diretrizes pelos sistemas de ensino, caberá às instâncias educacionais da União, dos Estados, do Distrito Federal e dos Municípios, em regime de colaboração, o estabelecimento de referenciais, normas complementares e políticas educacionais."

Notamos que há uma constante referência às parcerias e à conscientização nos artigos estudados, o que as evidencia como fatores fundamentais na implantação do processo inclusivo, para que, dessa maneira, garanta-se a autonomia das instituições escolares, bem como uma formação com qualidade para profissionais de educação, considerando as possibilidades e as limitações da pessoa a ser atendida nesse processo escolar.

Os arts. 21 e 22 referem-se à data de publicação e ao ano de iniciação da implantação das diretrizes. Veja que estas porém, ainda não são de conhecimento de todos os profissionais que atuam com educação, necessitando um trabalho intenso de divulgação e de estudos da resolução, processo aqui abordado para, assim, viabilizar a inclusão escolar no sistema social, espaço onde há exclusão e desigualdade social.

FILMES QUE RECOMENDAMOS A VOCÊ

MR. HOLAND um adorável professor. Direção: Stephen Herek. Produção: Robert W. Cort, Ted Field e Michael Nolin. EUA: Buena Vista Pictures, 1995. 140 min.

O SORRISO de Mona Lisa. Direção: Mike Newell. Produção: Elaine Goldsmith-Thomas, Paul Schiff e Deborah Schindler. EUA: Columbia Pictures Corporation/Revolution Studios, 2003. 125 min.

UM ESTRANHO no ninho. Direção: Milos Forman. Produção: Michael Douglas e Saul Zaentz. EUA: Fantasy Films, 1975. 129 min.

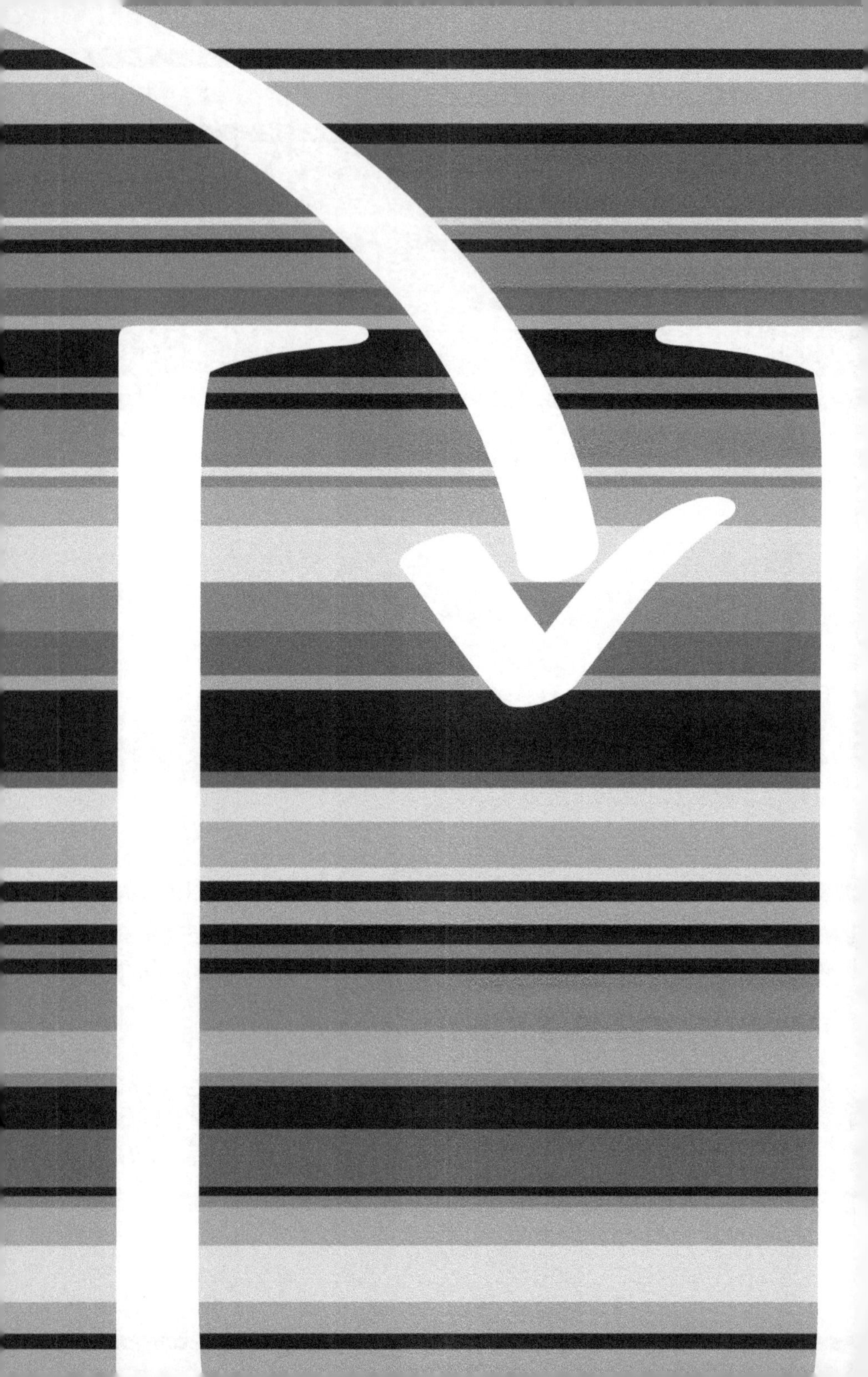

Considerações finais

Partimos do princípio que a educação é uma prática social e precisa ser entendida utilizando-se de um suporte teórico para que possa se desenvolver e atender às necessidades sociais de forma eficaz. Sendo assim, apresentamos, neste estudo, alguns aspectos do processo de ensino no que se refere ao atendimento educacional, à legislação e às concepções filosóficas que são desenvolvidas hoje, na sociedade, no âmbito da construção de diferentes conhecimentos que nascem da realidade do sistema educacional. Veja que este, por sua vez, apresenta-se sustentado por diversas legislações e sugestões de encaminhamentos, como, por exemplo, as diretrizes, que deixam de lado sua real função, que é a de orientar e possibilitar condições para que haja a construção dos conhecimentos oriundos de diferentes contextos, a transformação da realidade e a viabilização das relações de igualdade no processo de construção de uma sociedade melhor.

Percebemos, também, que a infinidade de legislações – cujo enfoque são as pessoas com necessidades especiais – não são de conhecimento da população e, por vezes, nem dos profissionais que atuam com essa clientela diferenciada. Por isso, entendemos que se faz necessária sua divulgação ampla e constante, bem como viabilizar tais recomendações. A mídia, nesse processo, apresenta-se como uma aliada importante, pois, ao obtermos apoio, basta demonstrarmos interesse e comprovarmos a necessidade de um processo educacional com o intuito de melhorar as condições de ensino na íntegra para as pessoas com necessidades especiais.

Consideramos que o papel da educação é atender, de forma igualitária e qualitativa, o processo de ensino e de possibilitar a aprendizagem de todos os alunos, inserindo, em seu processo, todos os que buscam esse recurso (como uma forma de transformar sua realidade), por meio de informações adequadas que permitam a sua inserção no mundo do trabalho e a terminalidade do ensino comprovada, bem como a garantia do pleno desenvolvimento do educando e a valorização de suas possibilidades, além de oferecer soluções às suas necessidades específicas.

Ao considerarmos que há necessidade de sensibilizar, de conscientizar e de viabilizar o processo inclusivo de forma fundamentada, precisamos ter clara qual é a função da escola, quais os princípios teóricos norteadores da prática pedagógica, que profissionais temos e queremos, quais as adaptações curriculares, físicas e sociais de que necessitamos para atender, com qualidade, às pessoas com necessidades educativas especiais – foco do trabalho das instituições escolares nesse processo de inclusão escolar.

Outra reflexão essencial que devemos fazer é sobre a política de inclusão: precisamos entender que ela não se consistiu apenas em fundamentos legais e/ou filosóficos, mas, sim, representa ousadia, reelaboração de conceitos e mudanças de paradigmas, os quais priorizam a pessoa e suas características. Destacamos nesse ponto que, para atender a essa realidade, faz-se necessária a construção de diferentes conhecimentos.

Portanto, o princípio da reflexão e da ação dos agentes envolvidos nesse processo garante a transformação da realidade social. Observe, porém, que as concepções filosóficas que buscam atender às necessidades sociais operam em processo dialético com a realidade, a intencionalidade e os sujeitos. Isto é, o sujeito, o objeto e o meio relacionam-se em constante construção e transformação de alguns conceitos e práticas, para favorecer o entendimento e a efetivação do processo de inclusão escolar.

Para finalizar, constatamos que o processo inclusivo educacional, deve favorecer à aprendizagem e ao desenvolvimento do educando, logo, faz-se necessário uma prática pedagógica que corresponda a esta demanda, diferenciando de forma concreta os seus objetivos, a fim de garantir uma formação para todos, priorizando cada um, independente de suas limitações ou possibilidades.

Referências

ARANHA. M. L. A. *Filosofia da educação*. 2. ed. São Paulo: Moderna, 1996.

BRASIL. Constituição (1988). *Diário Oficial da União*, Brasília, DF, 5 out. 1988. Disponível em: <http://www.planalto.gov.br/ccivil_03/constituicao/constitui%C3%A7ao.htm>. Acesso em: 12 ago. 2010.

BRASIL. *Declaração de Salamanca*. Disponível em: <http://portal.mec.gov.br/seesp/arquivos/pdf/salamanca.pdf>. Acesso em: 12 ago. 2010.

BRASIL. Decreto n. 2.208, de 17 de abril de 1997. *Diário Oficial da União*, Brasília, DF, 18 abr. 1997. Disponível em: <http://www.planalto.gov.br/ccivil_03/decreto/D2208.htm>. Acesso em: 12 ago. 2010.

BRASIL. Decreto n. 3.298, de 20 de dezembro de 1999. *Diário Oficial da União*, Brasília, DF, 21 dez. 1999a. Disponível em: <http://www.planalto.gov.br/ccivil/decreto/d3298.htm>. Acesso em: 12 ago. 2010.

BRASIL. Lei n. 4.024, de 27 de dezembro de 1961. *Diário Oficial da União*, Brasília, DF, 28 dez. 1961. Disponível em: <http://www.planalto.gov.br/ccivil_03/Leis/L4024.htm>. Acesso em: 12 ago. 2010.

BRASIL. Lei n. 5.540, de 28 de novembro de 1968. *Diário Oficial da União*, Brasília, DF, 3 dez. 1968. Disponível em: <http://www.planalto.gov.br/ccivil_03/Leis/L5540.htm>. Acesso em: 13 ago. 2010.

BRASIL. Lei n. 5.692, de 11 de agosto de 1971. *Diário Oficial da União*, Brasília, DF, 12 ago. 1971. Disponível em: <http://www.planalto.gov.br/ccivil_03/Leis/L5692.htm>. Acesso em: 13 ago. 2010.

BRASIL. Lei n. 7.044, de 18 de outubro de 1982. *Diário Oficial da União*, Brasília, DF, 18 out. 1982. Disponível em: <http://www.

planalto.gov.br/ccivil_03/Leis/L7044.htm>. Acesso em: 13 ago. 2010.

BRASIL. Lei n. 7.853, de 25 de outubro de 1989. *Diário Oficial da União*, Brasília, DF, 25 out. 1989. Disponível em: <http://www.planalto.gov.br/ccivil_03/Leis/L7853.htm>. Acesso em: 12 ago. 2010.

BRASIL. Lei n. 8.069, de 13 de julho de 1990. *Diário Oficial da União*, Brasília, DF, 16 jul. 1990. Disponível em: <http://www.planalto.gov.br/ccivil_03/Leis/L8069.htm>. Acesso em: 13 ago. 2010.

BRASIL. Lei n. 9.394, de 23 de dezembro de 1996. *Diário Oficial da União*, Brasília, DF, 23 dez. 1996. Disponível em: <http://www.planalto.gov.br/ccivil_03/Leis/L9394.htm>. Acesso em: 12 ago. 2010.

BRASIL. Lei n. 10.098, de 19 de dezembro de 2000. *Diário Oficial da União*, Brasília, DF, 20 dez. 2000. Disponível em: <http://www.planalto.gov.br/ccivil_03/Leis/L10098.htm>. Acesso em: 12 ago. 2010.

BRASIL. Lei n. 10.172, de 9 de janeiro de 2001. *Diário Oficial da União*, Brasília, DF, 10 jan. 2001a. Disponível em: <http://www.planalto.gov.br/ccivil_03/leis/leis_2001/l10172.htm>. Acesso em: 12 ago. 2010.

BRASIL. Lei n. 10.436, de 24 de abril de 2002. *Diário Oficial da União*, Brasília, DF, 24 abr. 2002. Disponível em: <http://www.planalto.gov.br/ccivil_03/Leis/2002/L10436.htm>. Acesso em: 12 ago. 2010.

BRASIL. Lei n. 10.639, de 9 de janeiro de 2003. *Diário Oficial da União*, Brasília, DF, 10 jan. 2003. Disponível em: <http://www.planalto.gov.br/ccivil_03/Leis/2003/L10.639.htm>. Acesso em: 12 ago. 2010.

BRASIL. Lei n. 10.845, de 5 de março de 2004. *Diário Oficial da União*, Brasília, DF, 8 mar. 2004a. Disponível em: <http://www.planalto.gov.br/ccivil_03/_ato2004-2006/2004/lei/l10.845.htm>. Acesso em: 12 ago. 2010.

BRASIL. Ministério da Ação Social. Coordenadoria Nacional para a Integração da Pessoa Portadora de Deficiência. *Declaração de Salamanca e linha de ação*: sobre necessidades educativas especiais. Brasília: MAS/Corde, 1994.

BRASIL. Ministério da Educação Especial. *Diretrizes Nacionais para a Educação Especial na Educação Básica*. 2010. Disponível em: <http://portal.mec.gov.br/seesp/arquivos/pdf/diretrizes.pdf>. Acesso em: 10 ago. 2010.

BRASIL. *Parâmetros Curriculares Nacionais*: adaptações curriculares. Brasília, 1999b.

BRASIL. *Plano Nacional de Educação*. Brasília, 2001b.

BRASIL. *Política Nacional de Educação Especial na Perspectiva da Educação Inclusiva*. 2008. Disponível em: <http://portal.mec.gov.br/seesp/arquivos/pdf/politica.pdf>. Acesso em: 1 out. 2010.

BRASIL. Ministério da Educação. Parecer n. 14, de 14 de setembro de 1999. Relator: Ulysses de Oliveira Panisset. *Diário Oficial da União*, Brasília, DF, 3 nov. 1999c.

BRASIL. Parecer n. 16, de 5 de outubro de 1999. Relator: Francisco Aparecido Cordão. *Diário Oficial da União*, Brasília, DF, 4 jun. 1999d.

BRASIL. Parecer n. 17, de 15 de agosto de 2001. Relatores: Kuno Paulo Rhoden e Sylvia Figueiredo Gouvêa. *Diário Oficial da União*, Brasília, DF, 17 ago. 2001e.

BRASIL. Conselho Nacional de Educação. Câmara da Educação Básica. Portaria n. 1.679, de 2 de dezembro de 1999. *Diário Oficial da União*, Brasília, 1999f.

BRASIL. Ministério da Educação. Conselho Nacional de Educação. Câmara da Educação Básica. Resolução n. 2, de 11 de setembro de 2001. Relator: Francisco Aparecido Cordão. *Diário Oficial da União*, Brasília, DF, 14 set. 2001d. Disponível em: <http://www.pedagogiaemfoco.pro.br/lress2_01.htm>. Acesso em: 17 ago. 2010.

BRASIL. Resolução n. 4, de 8 de dezembro de 1999. Relator: Ulysses de Oliveira Panisset. *Diário Oficial da União*, Brasília, DF, 22 dez. 1999g.

FERNANDES, E. M. Educação para todos, saúde para todos: a urgência da adoção de um paradigma multidisciplinar nas políticas públicas de atenção a pessoas portadoras de deficiências. *Benjamin Constant*, Rio de Janeiro, ano 5, n. 14, p. 3-10, 1999.

FERREIRA, J. R.; GLAT, R. Reformas educacionais pós-LDB: a inclusão do aluno com necessidades especiais no contexto da municipalização. In: SOUZA, D. B.; FARIA, L. C. M. *Descentralização, municipalização e financiamento da educação no Brasil pós-LDB*. Rio de Janeiro: DP&A, 2003.

FERREIRA, J. R.; GLAT, R. Ensino Fundamental: currículo e inclusão. Surdez e Universo Educacional. In: CONGRESSO INTERNACIONAL, 4.; SEMINÁRIO NACIONAL, 10., 2005, Rio de Janeiro. *Anais...* Rio de Janeiro: Instituto Nacional de Educação de Surdos, 2005. (No prelo).

GLAT, R. *A integração social do portador de deficiência*: uma reflexão. Rio de Janeiro: Sette Letras, 1998.

GLAT, R.; FERNANDES, E. M. Da educação segregada à educação inclusiva: uma breve reflexão sobre os paradigmas educacionais no contexto da educação especial brasileira. *Revista Inclusão*, Brasília, v. 1, n. 1, 2005.

GLAT, R.; NOGUEIRA, M. L. L. Políticas educacionais e a formação de professores para a educação inclusiva no Brasil. *Revista Integração*, Brasília, v. 24, n. 14, p. 22-27, 2002.

GLAT, R.; NOGUEIRA, M. L. DE L.; OLIVEIRA, E. DA S. G. *Adaptações curriculares*: projeto educação inclusiva no Brasil, desafios atuais e perspectivas para o futuro. Banco Mundial, 2003. Relatório técnico. Disponível em: <http://www.cnotinfor.pt/inclusiva>. Acesso em: 12 ago. 2010.

GOMES, M. A. *Trajetórias e novos caminhos da educação especial*. Belo Horizonte: Caratinga, 2000.

LIBÂNEO, J. C.; OLIVEIRA, J. F. DE; TOSCHI, M. S. *Educação escolar*: políticas, estrutura e organização. São Paulo: Cortez, 2003.

MAZZOTA, M. J. *História da educação especial*. São Paulo Cortez, 1995.

MAZZOTA, M. J. *Políticas de educação especial no Brasil*: da assistência aos deficientes à educação escolar. São Paulo: Cortez, 1996.

MITTLER, P. *Educação inclusiva*: contextos sociais. Porto Alegre: Artmed, 2003.

ONU – Organização das Nações Unidas. Resolução n. 37/52, de 3 de dezembro de 1982. *Programa de ação mundial para pessoas deficientes*. São Paulo: Cedipod, 1992.

OZMON, H. A.; CRAVER, S. M. *Fundamentos filosóficos da educação*. 6. ed. Porto Alegre: Artmed, 2004.

PLATÃO. *O Banquete, ou, Do amor*. Tradução de José Cavalcante de Souza. Rio de Janeiro: Difel, 2008.

REILY, L. H. *Escola inclusiva*: linguagem e mediação. Campinas: Papirus, 2004.

SAVIANI, D. *Educação brasileira*: estrutura e sistema. 8. ed. Campinas: Autores Associados, 2000.

STAINBACK, S.; STAINBACK, W. *Inclusão*: um guia para educadores. Porto Alegre: Artmed, 2000.

Nota sobre a autora

Mirian Célia Castellain Guebert é graduada em Pedagogia (1994), pela Universidade Federal do Paraná (UFPR) especialista em Educação Especial com concentração em Condutas Típicas (1996) pela Universidade Tuiuti do Paraná (UTP) e em Políticas Públicas para Educação Especial (2000) pela Universidade Federal do Mato Grosso do Sul (UFMS). É mestre em Engenharia da Produção com ênfase em Mídia e Conhecimento (2002) pela Universidade Federal de Santa Catarina (UFSC).

Atua como professora dos cursos de graduação de Pedagogia e Formação de Professores da Pontifícia Universidade Católica do Paraná (PUCPR) e dos cursos de pós-graduação do Instituto Brasileiro de Pós-Graduação e Extensão (Ibpex).

Inclui em sua experiência prática, na área de atendimento às pessoas com necessidades especiais, profícua vivência como professora e coordenadora pedagógica da Associação de Pais e Amigos dos Excepcionais (Apae), de São José dos Pinhais, entre os anos de 1990 e 2003. Doutoranda da Pontifícia Universidade Católica de São Paulo (PUCSP), Programa Educação, História, Política, Sociedade (2009).

Os papéis utilizados neste livro, certificados por instituições ambientais competentes, são recicláveis, provenientes de fontes renováveis e, portanto, um meio responsável e natural de informação e conhecimento.

FSC
www.fsc.org
MISTO
Papel produzido
a partir de
fontes responsáveis
FSC® C103535

Impressão: Reproset
Maio/2023